JN432485

라라의 왕초보 스페인어

SNS일상어휘 & 여행스페인어

후루룩외국어 x 시대에듀

이렇게 쉽고 맛있는 스페인어는 없었다!

라라의
왕초보
스페인어

SNS일상어휘 & 여행스페인어

후루룩외국어 x 시대에듀

머리말

스페인어 한 입 어때요?
부담 없이 꺼내 먹는 언어 한 끼!

"스페인어, 어렵지 않아요?"

한국에 와서 가장 자주 들은 질문입니다. 사실 새로운 언어를 배운다는 건 누구에게나 낯설고 어색해요. 하지만 스페인어는 생각보다 훨씬 더 살갑고 정감 있는 언어랍니다. 한국어 못지않게 사람 냄새가 가득하고, 어깨를 톡 치며 건네는 인사나 소소한 말 한마디에도 따뜻한 온기가 스며 있어요.

이 책을 통해 스페인어의 다양한 매력을 어렵고 딱딱한 설명 대신, 자연스럽게 입에 감기는 표현들로 전하려 합니다. 본문에 수록된 모든 표현은 스페인 원어민인 제가 실제로 자주 듣고, 쓰고, 말하는 것들이에요. 왕초보 학습자라면 반드시 알아야 할 기초적인 표현부터 최근 원어민들이 많이 쓰는 최신 표현에 이르기까지 모두 이 한 권에 쉽고 맛있게 담아냈습니다.

칼로리는 낮고, 영양가는 높은 스페인어 한 끼는 제가 준비할 테니, 여러분들은 외워야 한다는 부담감을 잠시 내려놓고, 스페인 친구와 밥 한 끼 먹으며 수다 떤다는 생각으로 놀러 오세요. 처음부터 너무 잘하려고 애쓰지 않으셔도 돼요. 제가 한 문장씩 천천히, 맛있게 즐기면서 배울 수 있게 도와드릴게요.

이렇게 한 페이지씩 저와 함께 책을 넘기다 보면 어느 순간 "어? 나 스페인어로 말하고 있네?" 하는 기분 좋은 놀라움을 맛보게 될 거예요. 이 책을 통해 여러분들이 그 놀라운 경험을 하게 된다면 저자로서 더 큰 기쁨은 없을 것입니다.

“Con constancia y sabor, todo se aprende mejor.”

꾸준함과 맛으로 배우는 게 제일 확실해요.

스페인에는 이런 말이 있어요. ‘Comer bien es vivir bien(잘 먹는 것이 잘 사는 것이다)’. 스페인어도 마찬가지예요. 매일 25분, 잘 배워나가는 것이 결국 스페인어를 ‘잘 말할 수 있는 사람’이 되는 길이라고 생각합니다.

이 책은 여러분에게 매일 한입씩 꺼내 먹고 싶은 맛있는 요리 같은 책이 되었으면 합니다. 후루룩 이해되고 말할 수 있도록 만든 스페인어 한 그릇! 하루 한 끼처럼, 하루 25분만 꾸준히 투자해 보세요. 언젠가 스페인어가 여러분의 일상에 자연스럽게 배어 있을 거예요. 함께 천천히, 꾸준히 나아가 봐요.

당신을 위한 스페인어 셰프가 되어, 매일 맛있고 든든한 한 끼를 준비해 드릴게요. 여러분의 즐거운 스페인어 첫걸음을 응원합니다. ¡Vamos!

‘라라의 왕초보 스페인어’ 메인 셰프

Lara Benito

◂ 라라의 유튜브 채널 놀러 가기!

책의 구성&활용법 SNS일상어휘

본 도서의 첫 번째 파트 'SNS일상어휘'는 메인 셰프 라라의 SNS 속 다양한 에피소드와 일상 이미지를 보며 원어민들이 데일리 하게 쓰는 어휘를 쉽고 즐겁게 습득할 수 있습니다. Day1부터 Day7까지 하루 25분씩 총 7일간 커리큘럼에 맞춰 학습해 보세요.

후루룩 외국어는 **자신에게 맞는 속도의 외국어를 추구합니다.**
스페인어 일상어휘를 쉽고 맛있게 후루룩 학습해 보세요.

워밍업

❶ 오늘의 테마 맛보기

이번 장에서 연습할 주제를 미리 확인하고 어떤 단어들이 등장할지 추측해 보세요.

❷ 원어민 음성 듣기 QR

본문에 수록된 모든 문장을 원어민의 발음으로 들어볼 수 있어요. 학습에 활용해 보세요.

+ MP3파일은 홈페이지에서도 다운로드 받으실 수 있어요!

❸ Can-do 확인

이번 장을 모두 마치고 나면 무엇을 달성할 수 있는지 미리 확인할 수 있어요.

MP3 다운로드 방법

1 www.sdedu.co.kr로 접속
2 홈페이지 상단 〈학습자료실〉에서 'MP3' 항목 클릭
3 검색창에 '라라의 왕초보 스페인어' 검색하여 MP3 다운로드

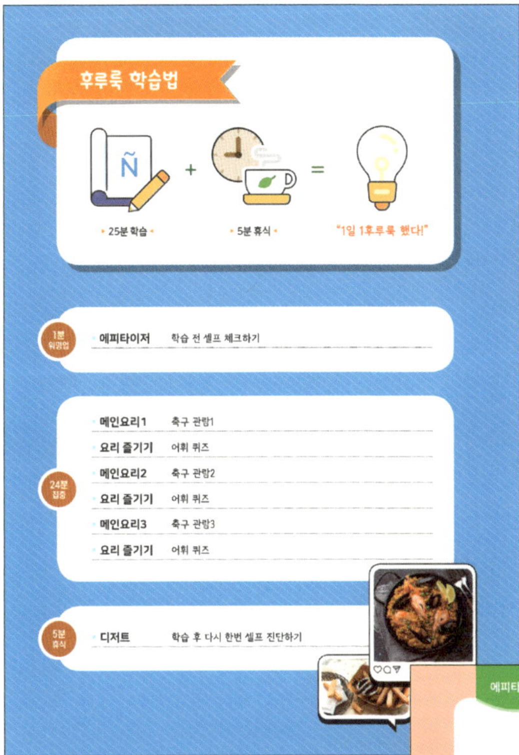

후루룩 학습법

- 후루룩 학습법 체크하기

'라라의 왕초보 스페인어'는 '후루룩 타이머(25분 학습 + 5분 휴식)'에 맞춰 학습하도록 구성되어 있어요. 본격적인 학습에 앞서 각 코스 요리의 학습목표와 주어진 시간을 미리 체크해 보세요.

코스1. 에피타이저

후루룩 코스 첫 번째는 〈에피타이저〉예요. 학습 시작 전에 오늘의 학습 내용에 대해 얼마나 알고 있는지 셀프 체크해 보세요.

❶ 학습 전 셀프 체크

오늘의 학습 내용과 관련된 간단한 6개의 질문에 YES 혹은 NO로 답하며 현재 나의 상태를 체크해 보세요.

❷ 셀프 진단

체크리스트를 마친 후 셀프 진단에 따라 학습 방향 및 계획을 설정해 보세요.

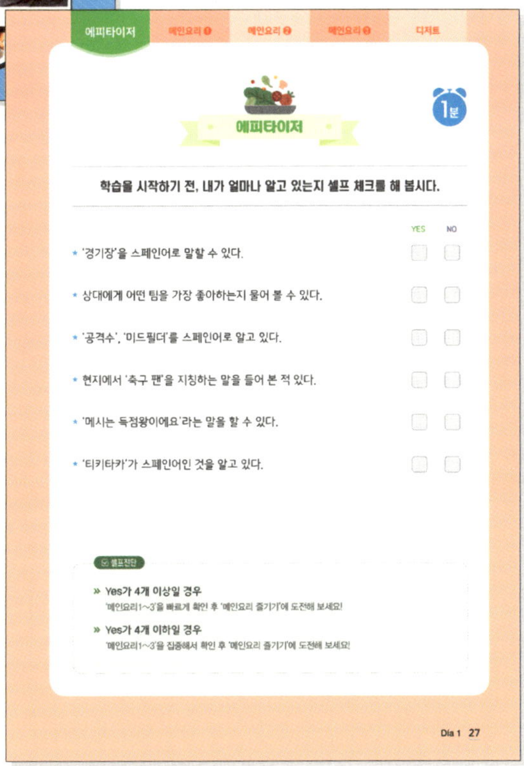

코스2. 메인요리

후루룩 코스 두 번째는 〈메인요리〉예요. 본격적으로 학습을 시작하는 코너로 각 Day 마다 3개씩 학습 테마를 배치했어요.

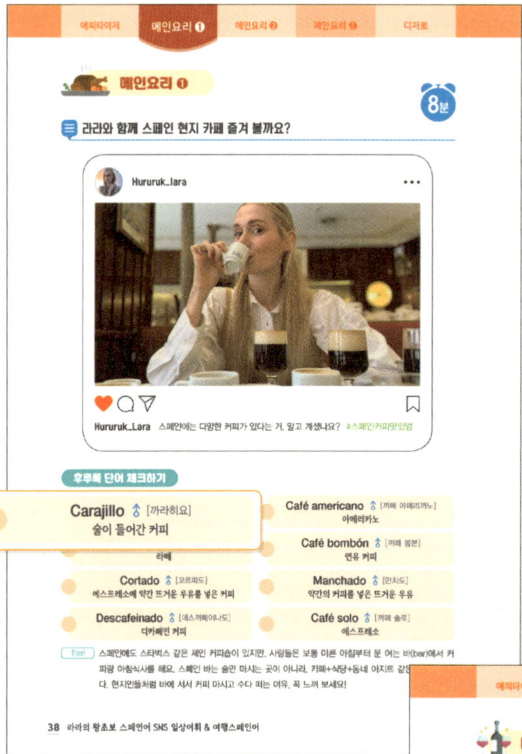
에피타이저 메인요리 ❶ 메인요리 ❷ 메인요리 ❸ 디저트

메인요리 ❶

8분

라라와 함께 스페인 현지 카페 즐겨 볼까요?

후루룩 단어 체크하기

Carajillo ♂ [까라히요] 술이 들어간 커피	Café americano ♂ [까페 아메리까노] 아메리카노
라떼	Café bombón ♂ [까페 봄본] 연유 커피
Cortado ♂ [꼬르따도] 에스프레소에 약간 뜨거운 우유를 넣은 커피	Manchado ♂ [만차도] 약간의 커피를 넣은 뜨거운 우유
Descafeinado ♂ [데스까페이나도] 디카페인 커피	Café solo ♂ [까페 쏠로] 에스프레소

Tip! 스페인에도 스타벅스 같은 체인 커피숍이 있지만, 사람들은 보통 이른 아침부터 문 여는 바(bar)에서 커피랑 아침식사를 해요. 스페인 바는 술만 마시는 곳이 아니라, 카페+식당+동네 아지트 같은 곳이에요. 현지인들처럼 바에 서서 커피 마시고 수다 떠는 여유, 꼭 느껴 보세요!

38 라라의 왕초보 스페인어 SNS 일상어휘 & 여행스페인어

① 오늘의 SNS

라라의 SNS 이미지 속 리얼한 일상 에피소드와 단어들을 확인해 보세요.

② 후루룩 단어 체크하기

SNS 게시물을 주제로 라라가 소개하는 8개의 리얼한 일상 어휘를 친절한 꿀팁과 함께 학습해 보세요.

⊕ 단어 옆에 표시된 기호의 의미는 다음과 같습니다.

♂ 남성 명사	♀ 여성 명사
v 동사	adj 형용사
int 감탄사	

에피타이저 메인요리 ❶ 메인요리 ❷ 메인요리 ❸ 디저트

메인요리 즐기기

우리말 뜻을 보고 알맞은 단어를 스페인어로 써 보자!

1 술이 들어간 커피	2 아메리카노
3 라떼	4 연유 커피
5 에스프레소에 약간 뜨거운 우유를 넣은 커피	6 약간의 커피를 넣은 뜨거운 우유
7 디카페인 커피	8 에스프레소

빈칸에 알맞은 단어를 스페인어로 써 보자!

1. ¿Me pones un ______, por favor?
꼬르따도 커피를 주시겠어요?
2. Mi café favorito es el ______.
제가 가장 좋아하는 커피는 연유 커피입니다.
3. Por la tarde sólo tomo ______.
오후에는 디카페인 커피만 마십니다.
4. Este ______ está muy cargado.
이 까라히요는 너무 세요.

Día 2 39

③ 메인요리 즐기기

앞에서 학습한 일상 어휘를 가지고 2가지 형식의 간단한 퀴즈에 도전하는 코너예요.

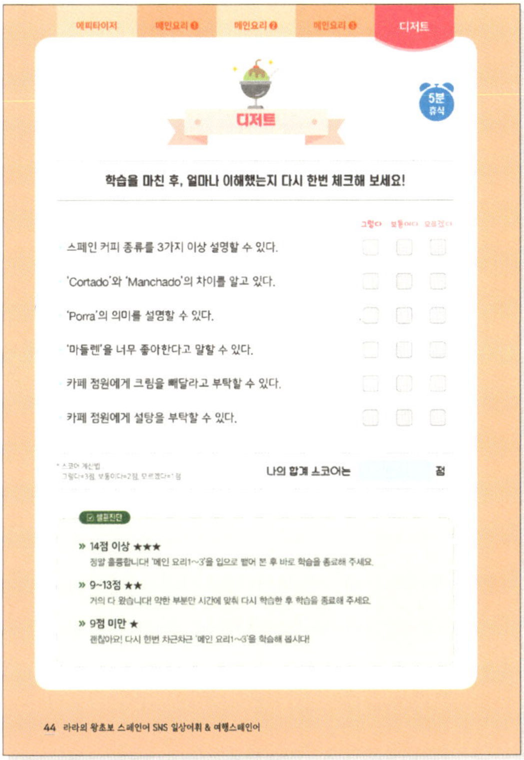
에피타이저 메인요리 ❶ 메인요리 ❷ 메인요리 ❸ 디저트

디저트

5분 휴식

학습을 마친 후, 얼마나 이해했는지 다시 한번 체크해 보세요!

	그렇다	보통이다	모르겠다
스페인 커피 종류를 3가지 이상 설명할 수 있다.			
'Cortado'와 'Manchado'의 차이를 알고 있다.			
'Porra'의 의미를 설명할 수 있다.			
'마들렌'을 너무 좋아한다고 말할 수 있다.			
카페 점원에게 크림을 빼달라고 부탁할 수 있다.			
카페 점원에게 설탕을 부탁할 수 있다.			

* 스코어 계산법 그렇다=3점, 보통이다=2점, 모르겠다=1점

나의 합계 스코어는 점

셀프진단

» 14점 이상 ★★★
정말 훌륭합니다! '메인 요리1~3'을 입으로 뱉어 본 후 바로 학습을 종료해 주세요.

» 9~13점 ★★
거의 다 왔습니다! 약한 부분만 시간에 맞춰 다시 학습한 후 학습을 종료해 주세요.

» 9점 미만 ★
괜찮아요! 다시 한번 차근차근 '메인 요리1~3'을 학습해 봅시다!

44 라라의 왕초보 스페인어 SNS 일상어휘 & 여행스페인어

코스3. 디저트

후루룩 코스의 마지막은 〈디저트〉예요. 학습을 모두 마친 후 오늘의 학습 내용에 대해 얼마나 이해했는지 다시 한번 체크해 볼 수 있어요.

❶ 학습 후 실력 점검

앞에서 학습한 내용에 대한 디테일한 질문 6개에 '그렇다/보통이다/모르겠다' 3단계로 답하고 합계 스코어를 계산하여 나의 실력을 최종 점검해 보세요.

❷ 마무리 진단

정밀 진단에 따라 약한 부분을 복습할지 혹은 학습을 종료할지 스스로 컨트롤할 수 있어요.

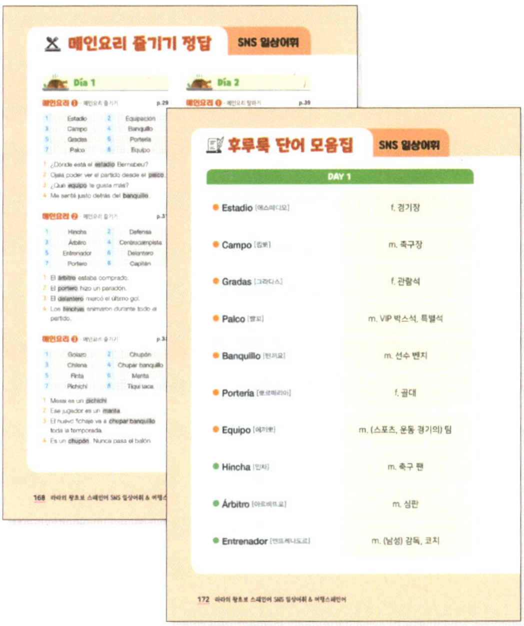

부록

• 메인요리 즐기기 정답

〈메인요리 즐기기〉 코너 연습 문제의 정답을 한눈에 볼 수 있도록 정답지를 부록 168p에 수록했어요.

• 후루룩 단어 모음집

본문에 수록된 중요 단어를 정리, 복습할 수 있도록 각 Day별 단어 리스트를 부록 172p에 수록했어요.

책의 구성&활용법 여행스페인어

본 도서의 두 번째 파트 '여행스페인어'는 메인 셰프 라라와 함께 스페인 여행에 꼭 필요한 필수 여행 표현을 학습하고 회화 시뮬레이션에 도전해 보며 리얼한 스페인어를 쉽고 즐겁게 습득할 수 있습니다. Day1부터 Day7까지 하루 25분씩 총 7일간 커리큘럼에 맞춰 학습해 보세요.

후루룩 외국어는 **자신에게 맞는 속도의 외국어를 추구합니다.**
스페인어 여행표현을 쉽고 맛있게 후루룩 학습해 보세요.

워밍업

❶ 오늘의 테마 맛보기

이번 장에서 연습할 주제를 미리 확인하고 어떤 단어들이 등장할지 추측해 보세요.

❷ 원어민 음성 듣기 QR

본문에 수록된 모든 문장을 원어민의 발음으로 들어볼 수 있어요. 학습에 활용해 보세요.

+ MP3파일은 홈페이지에서도 다운로드 받으실 수 있어요!

❸ Can-do 확인

이번 장을 모두 마치고 나면 무엇을 달성할 수 있는지 미리 확인할 수 있어요.

MP3 다운로드 방법

1 www.sdedu.co.kr로 접속
2 홈페이지 상단 〈학습자료실〉에서 'MP3' 항목 클릭
3 검색창에 '라라의 왕초보 스페인어' 검색하여 MP3 다운로드

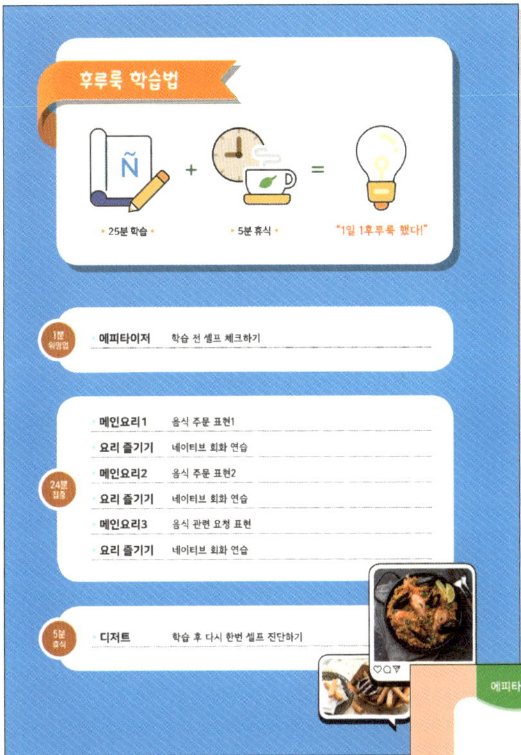

후루룩 학습법

25분 학습 + 5분 휴식 = "1일 1후루룩 했다!"

1분 워밍업	에피타이저	학습 전 셀프 체크하기
24분 집중	메인요리1	음식 주문 표현1
	요리 즐기기	네이티브 회화 연습
	메인요리2	음식 주문 표현2
	요리 즐기기	네이티브 회화 연습
	메인요리3	음식 관련 요청 표현
	요리 즐기기	네이티브 회화 연습
5분 휴식	디저트	학습 후 다시 한번 셀프 진단하기

후루룩 학습법

• 후루룩 학습법 체크하기

'라라의 왕초보 스페인어'는 '후루룩 타이머(25분 학습 + 5분 휴식)'에 맞춰 학습하도록 구성되어 있어요. 본격적인 학습에 앞서 각 코스 요리의 학습목표와 주어진 시간을 미리 체크해 보세요.

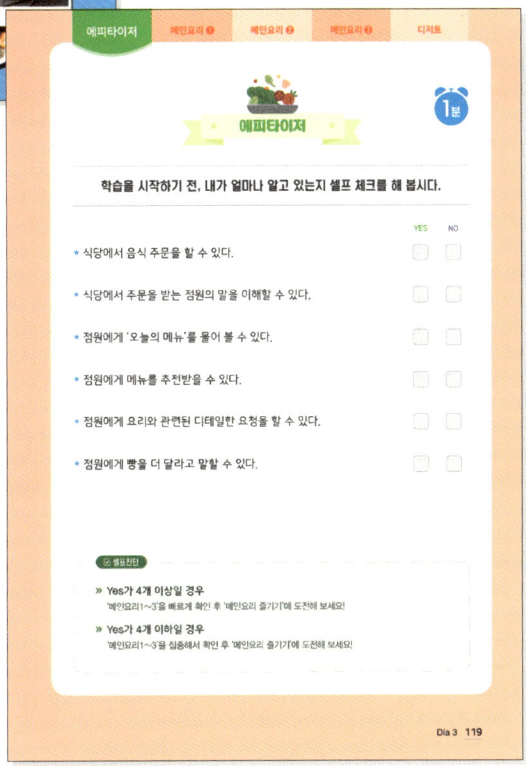

에피타이저 메인요리❶ 메인요리❷ 메인요리❸ 디저트

에피타이저 1분

학습을 시작하기 전, 내가 얼마나 알고 있는지 셀프 체크를 해 봅시다.

	YES	NO
• 식당에서 음식 주문을 할 수 있다.	☐	☐
• 식당에서 주문을 받는 점원의 말을 이해할 수 있다.	☐	☐
• 점원에게 '오늘의 메뉴'를 물어 볼 수 있다.	☐	☐
• 점원에게 메뉴를 추천받을 수 있다.	☐	☐
• 점원에게 요리와 관련된 디테일한 요청을 할 수 있다.	☐	☐
• 점원에게 빵을 더 달라고 말할 수 있다.	☐	☐

☑ 셀프진단

» Yes가 4개 이상일 경우
'메인요리1~3'을 빠르게 확인 후 '메인요리 즐기기'에 도전해 보세요!

» Yes가 4개 이하일 경우
'메인요리1~3'을 집중해서 확인 후 '메인요리 즐기기'에 도전해 보세요!

Día 3 119

코스1. 에피타이저

후루룩 코스 첫 번째는 〈에피타이저〉예요. 학습 시작 전에 오늘의 학습 내용에 대해 얼마나 알고 있는지 셀프 체크해 보세요.

❶ 학습 전 셀프 체크

오늘의 학습 내용과 관련된 간단한 6개의 질문에 YES 혹은 NO로 답하며 현재 나의 상태를 체크해 보세요.

❷ 셀프 진단

체크리스트를 마친 후 셀프 진단에 따라 학습 방향 및 계획을 설정해 보세요.

코스2. 메인요리

후루룩 코스 두 번째는 〈메인요리〉예요. 본격적으로 학습을 시작하는 코너로 각 Day 마다 3개씩 학습 테마를 배치했어요.

메인요리 ❶

8분

음식 주문이 쉬워지는 미라클 여행 표현 알아보자!

학습 Check

| 표현 1 | ~을 원해요. / ~을 주세요.
Quisiera~ / me pone~ [끼시에라 / 메 뽀네]

- Quisiera una paella.
빠에야 하나 주세요.
- Quisiera una ensalada sin cebolla.
양파 없는 샐러드를 원해요.
- ¿Me pone un café con leche, por favor?
라떼 한 잔 주시겠어요?

학습 Check

| 표현 2 | 무엇을 ~하시겠어요?
¿Qué va(n) a~? [께 바 아]

- ¿Qué van a pedir de postre?
디저트로 무엇을 주문하시겠어요?
- ¿Qué van a tomar?
무엇을 주문하시겠어요?
- ¿Qué van a beber?
어떤 음료를 드시겠어요?

120 라라의 왕초보 스페인어 SNS 일상어휘 & 여행스페인어

❶ 오늘의 여행 표현

스페인 여행에서 바로 꺼내 쓸 수 있는 필수 여행 표현을 확인해 보세요.

❷ 여행 예문 확인하기

위에서 다룬 여행 표현을 활용한 여행 예문 3개를 학습해 보세요.

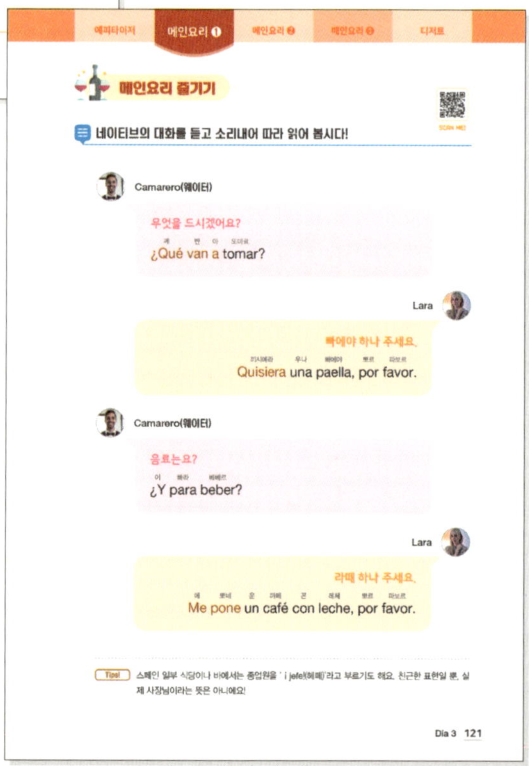

메인요리 즐기기

네이티브의 대화를 듣고 소리내어 따라 읽어 봅시다!

Camarero(웨이터)
무엇을 드시겠어요?
¿Qué van a tomar?

Lara
빠에야 하나 주세요.
Quisiera una paella, por favor.

Camarero(웨이터)
음료는요?
¿Y para beber?

Lara
라떼 하나 주세요.
Me pone un café con leche, por favor.

Tips! 스페인 일부 식당이나 바에서는 종업원을 'i jefe!(헤페)'라고 부르기도 해요. 친근한 표현일 뿐, 실제 사장님이라는 뜻은 아니예요!

Día 3 121

❸ 메인요리 즐기기

라라와 함께 원어민과의 리얼한 여행 회화를 학습하는 코너예요. 아래에는 실제 여행에 유용한 팁을 수록했어요

➕ 우측 상단 QR를 통해 원어민의 생생한 음성을 들어 볼 수 있어요!

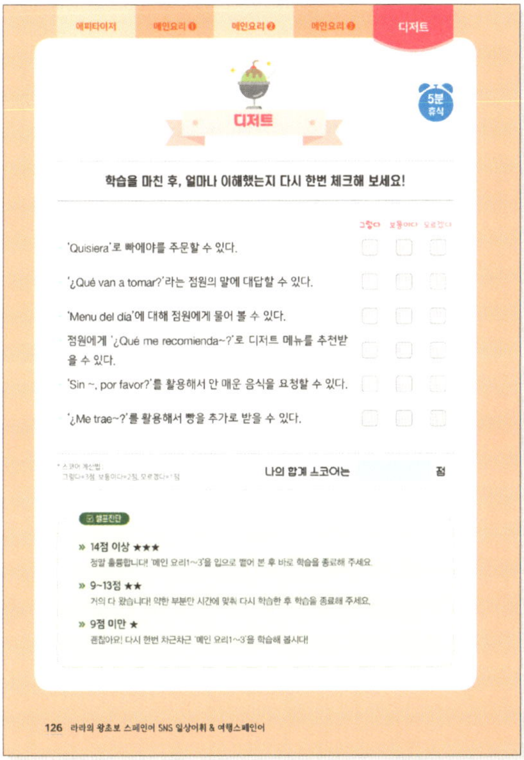
애피타이저 | 메인요리 ❶ | 메인요리 ❷ | 메인요리 ❸ | 디저트

5분 휴식

디저트

학습을 마친 후, 얼마나 이해했는지 다시 한번 체크해 보세요!

	그렇다	보통이다	모르겠다
'Quisiera'로 빠에야를 주문할 수 있다.			
'¿Qué van a tomar?'라는 점원의 말에 대답할 수 있다.			
'Menu del dia'에 대해 점원에게 물어 볼 수 있다.			
점원에게 '¿Qué me recomienda~?'로 디저트 메뉴를 추천받을 수 있다.			
'Sin ~, por favor?'를 활용해서 안 매운 음식을 요청할 수 있다.			
'¿Me trae~?'를 활용해서 빵을 추가로 받을 수 있다.			

나의 합계 스코어는 점

» 14점 이상 ★★★

» 9~13점 ★★

거의 다 왔습니다! 약한 부분만 시간에 맞춰 다시 학습한 후 학습을 종료해 주세요.

» 9점 미만 ★

괜찮아요! 다시 한번 차근차근 '메인 요리1~3'을 학습해 봅시다!

126 라라의 왕초보 스페인어 SNS 일상어휘 & 여행스페인어

코스3. 디저트

후루룩 코스의 마지막은 〈디저트〉예요. 학습을 모두 마친 후 오늘의 학습 내용에 대해 얼마나 이해했는지 다시 한번 체크해 볼 수 있어요.

❶ 학습 후 실력 점검

앞에서 학습한 내용에 대한 디테일한 질문 6개에 '그렇다/보통이다/모르겠다' 3단계로 답하고 합계 스코어를 계산하여 나의 실력을 최종 점검해 보세요.

❷ 마무리 진단

정밀 진단에 따라 약한 부분을 복습할지 혹은 학습을 종료할지 스스로 컨트롤할 수 있어요.

후루룩 단어 모음집 여행스페인어

DAY 1

Hola [올라]	int. 안녕, 안녕하세요
Adiós [아디오스]	int. 안녕히 가세요/계세요
Mañana [마냐나]	f. 내일
España [에스빠냐]	f. 스페인
Bien [비엔]	adv. 잘, 좋게
Día [디아]	m. 하루, 날
Llamar [야마르]	v. ~라고 불리다

부록

• 후루룩 단어 모음집

본문에 수록된 중요 단어를 정리, 복습할 수 있도록 각 Day별 단어 리스트를 부록 186p에 수록했어요.

먼저 읽어 보는 스페인어

✲ 본격적인 스페인어 학습을 시작하기 전 가볍게 읽어 보세요.

1. 스페인어 알파벳(El alfabeto) 소리 익히기

	a [아]	e [에]	i [이]	o [오]	u [우]
B 베 [ㅂ]	ba [바]	be [베]	bi [비]	bo [보]	bu [부]
C 쎄 [ㄲ/ㅆ]	ca [까]	ce [쎄]	ci [씨]	co [꼬]	cu [꾸]
Ch 체 [ㅊ]	cha [차]	che [체]	chi [치]	cho [초]	chu [추]
D 데 [ㄷ]	da [다]	de [데]	di [디]	do [도]	du [두]
F 에페 [ㅍ]	fa [파]	fe [페]	fi [피]	fo [포]	fu [푸]
G 헤 [ㄱ/ㅎ]	ga [가]	ge [헤] gue/güe [게 / 구에]	gi [히] gui/güi [기 / 구이]	go [고]	gu [구]
H 아체 [ㅇ]	ha [아]	he [에]	hi [이]	ho [오]	hu [우]
J 호따 [ㅎ]	ja [하]	je [헤]	ji [히]	jo [호]	ju [후]
K 까 [ㄲ]	ka [까]	ke [께]	ki [끼]	ko [꼬]	ku [꾸]
L 엘레 [ㄹ]	la [라]	le [레]	li [리]	lo [로]	lu [루]
LL 에예 [이]	lla [야]	lle [예]	lli [이]	llo [요]	llu [유]
M 에메 [ㅁ]	ma [마]	me [메]	mi [미]	mo [모]	mu [무]

	a [아]	e [에]	i [이]	o [오]	u [우]
N 에네 [ㄴ]	na [나]	ne [네]	ni [니]	no [노]	nu [누]
Ñ 에녜 [니]	ña [냐]	ñe [녜]	ñi [니]	ño [뇨]	ñu [뉴]
P 뻬 [ㅃ]	pa [빠]	pe [뻬]	pi [삐]	po [뽀]	pu [뿌]
Q 꾸 [ㄲ]		que [께]	qui [끼]		
R 에ㄹ레 [ㄹ]	ra [라]	re [레]	ri [리]	ro [로]	ru [루]
RR 에레 도블레 [ㄹㄹ]	rra [ㄹ라]	rre [ㄹ레]	rri [ㄹ리]	rro [ㄹ로]	rru [ㄹ루]
S 에쎄 [ㅅ]	sa [사]	se [세]	si [시]	so [소]	su [수]
T 떼 [ㄸ]	ta [따]	te [떼]	ti [띠]	to [또]	tu [뚜]
V 우베 [ㅂ]	va [바]	ve [베]	vi [비]	vo [보]	vu [부]
W 우베 도블레 [우]	wa [와]	we [웨]	wi [위]	wo [워]	wu [우]
X 에끼스 [ㅆ/KS/ㅎ]	xa [싸]	xe [쎄]	xi [씨]	xo [쏘]	xu [쑤]
Y 예 [이]	ya [야]	ye [예]	yi [이]	yo [요]	yu [유]
Z 세따 [ㅆ]	za [싸]	ze [쎄]	zi [씨]	zo [쏘]	zu [쑤]

2. 특수한 스페인어 문자 및 기호 익히기

문자 / 기호	의미 / 쓰임새	예시
¿	의문문의 시작을 알리는 문장부호로, 스페인어에서는 의문문의 앞과 뒤를 모두 표시함.	**¿Cómo estás?** (어떻게 지내?)
¡	감탄문, 명령문 등의 시작을 나타냄. 감탄문 앞뒤에 모두 부호를 씀.	**¡Qué bonito!** (정말 예쁘다!)
Ñ / ñ	'ny(니 또는 뇨)' 발음으로 스페인어에만 있는 알파벳.	**año** [아뇨] 해, 연도 **señor** [세뇨르] 신사, ~씨
LL / ll	'y'와 거의 동일한 발음	**llamar** [야마르] 부르다
CH / ch	한글 'ㅊ'과 비슷한 발음	**chico** [치꼬] 소년 **chocolate** [쵸꼴라떼] 초콜릿
Ü / ü	'gue', 'gui'에서 u를 발음해야 할 때 사용함.	**pingüino** [삥귀노] 펭귄 **vergüenza** [베르구엔싸] 수치심
á, é, í, ó, ú	강세 위치 표시 및 뜻 구분이 필요할 때 사용함.	**tú** (너) - **tu** (너의) **sí** (응) - **si** (만약)
R / rr	부드러운 'r' 강한 굴림소리 'rr'	**perro** [뻬ㄹ로] 개 **caro** [까로] 비싼

Tips!

- ¿ 와 ¡ 는 문장 앞에 꼭 써야 해요! 영어와 달리 문장 시작에 의문/감탄 부호를 쓰지 않으면 문장의 의도 파악이 어려워요.
- ü (움라우트)는 발음 유지를 위한 표시예요. 예를 들어 pingüino에서 u 발음을 없애지 않도록 도와줘요.
- 강세(acento)는 의미 구분에 중요해요: tú (너) vs tu (너의) 처럼 발음은 비슷해도 의미는 완전히 달라요.

3. 스페인어 숫자 익히기

숫자	스페인어	숫자	스페인어	숫자	스페인어
1	uno [우노]	11	once [온세]	30	treinta [뜨레인따]
2	dos [도스]	12	doce [도세]	40	cuarenta [꾸아렌따]
3	tres [뜨레스]	13	trece [뜨레세]	50	cincuenta [씽구엔따]
4	cuatro [꾸아뜨로]	14	catorce [까또르세]	60	sesenta [세센따]
5	cinco [씽꼬]	15	quince [낀세]	70	setenta [세뗀따]
6	seis [쎄이스]	16	dieciséis [디에씨쎄이스]	80	ochenta [오첸따]
7	siete [씨에떼]	17	diecisiete [디에씨씨에떼]	90	noventa [노벤따]
8	ocho [오초]	18	dieciocho [디에씨오초]	100	cien / ciento [씨엔 / 씨엔또]
9	nueve [누에베]	19	diecinueve [디에씨누에베]	1,000	mil [밀]
10	diez [디에스]	20	veinte [베인떼]	10,000	diez mil [디에스 밀]

Tips!

- 1(uno)는 성별에 따라 변화해요: 남성 명사 앞에선 un, 여성 명사 앞에선 una로 바뀝니다
  예 un libro(책 한 권), una casa(집 한 채)
- 21~29는 veinti + 숫자 형태로 붙여 써요. 예 veintiuno [베인띠우노] 21
- Diez mil(10,000)은 직역하면 '열 개의 천'과 같은 뉘앙스예요.

4. 스페인어 기본 인사말 익히기

안녕!	¡Hola! [올라!]
아침 인사	¡Buenos días! [부에노스 디아스!]
오후 인사	¡Buenas tardes! [부에나스 따르데스!]
밤 인사	¡Buenas noches! [부에나스 노체스!]
다음에 또 봐요!	¡Hasta luego! [아스따 루에고!]
어떻게 지내요?	¿Cómo estás? [꼬모 에스따스?] ¿Qué tal? [께 딸?]
잘 지내요.	Estoy bien. [에스또이 비엔.]
(정말) 감사합니다.	(Muchas) Gracias. [(무차스) 그라씨아스.]
천만에요.	De nada. [데 나다.]
미안해요(실례합니다).	Perdón. [뻬르돈.]
만나서 반갑습니다.	Encantado. [엔깐따도.] → 본인이 '남자'일 때 Encantada. [엔깐따다.] → 본인이 '여자'일 때 Mucho gusto. [무초 구스또.] → 성별 구별 없음
네 / 아니오	Sí [시] / No [노]
부탁합니다.	Por favor. [뽀르 파보르.] → 영어의 please 에 해당하는 표현 → 명령/부탁을 할 때 사용

차례

PART 1. SNS 일상어휘

1후루룩 완료!

Día 1 "메시는 득점왕이에요"

1후루룩 완료!

Día 2 "꼬르따도 커피를 주시겠어요?"

1후루룩 완료!

Día 3 "레몬이 들어간 끌라라 맥주를 좋아해요"

Tips! '1일 1후루룩'을 달성했다면 박스에 체크 표시 ✔ 를 해 보세요!

PART 2. 여행스페인어

SNS 일상어휘

"Estudiar un idioma es sembrar sueños en otro mundo. ¡Sigue adelante, vas muy bien!"

언어를 배우는 건 다른 세계에 꿈을 심는 거야.
계속 나아가, 아주 잘하고 있어!

Día 1

“메시는 득점왕이에요”

원어민 음성듣기

오늘의 후루룩 코스

에피타이저

메인요리1~3

디저트

Día 1 학습을 모두 마치면

스페인 현지 축구 문화와 관련된
어휘를 배울 수 있어요!

후루룩 학습법

▸ 25분 학습 ◂ + ▸ 5분 휴식 ◂ = "1일 1후루룩 했다!"

1분 워밍업

- **에피타이저** 학습 전 셀프 체크하기

24분 집중

- **메인요리1** 축구 관람1
- **요리 즐기기** 어휘 퀴즈
- **메인요리2** 축구 관람2
- **요리 즐기기** 어휘 퀴즈
- **메인요리3** 축구 관람3
- **요리 즐기기** 어휘 퀴즈

5분 휴식

- **디저트** 학습 후 다시 한번 셀프 진단하기

에피타이저

1분

학습을 시작하기 전, 내가 얼마나 알고 있는지 셀프 체크를 해 봅시다.

	YES	NO
★ '경기장'을 스페인어로 말할 수 있다.	☐	☐
★ 상대에게 어떤 팀을 가장 좋아하는지 물어 볼 수 있다.	☐	☐
★ '공격수', '미드필더'를 스페인어로 알고 있다.	☐	☐
★ 현지에서 '축구 팬'을 지칭하는 말을 들어 본 적 있다.	☐	☐
★ '메시는 득점왕이에요'라는 말을 할 수 있다.	☐	☐
★ '티키타카'가 스페인어인 것을 알고 있다.	☐	☐

☑ 셀프진단

» Yes가 4개 이상일 경우
'메인요리1~3'을 빠르게 확인 후 '메인요리 즐기기'에 도전해 보세요!

» Yes가 4개 이하일 경우
'메인요리1~3'을 집중해서 확인 후 '메인요리 즐기기'에 도전해 보세요!

메인요리 ❶

8분

라라와 함께 스페인에 축구 보러 갈까요?

Hururuk_Lara

Hururuk_Lara 처음으로 박스석에서 축구 경기를 관람했어요! #축구는스페인이지

후루룩 단어 체크하기

Estadio ♂ [에스따디오]
경기장

Equipación ♀ [에끼빠시온]
축구 선수들이 사용하는 유니폼과 액세서리

Campo ♂ [깜뽀]
축구장

Banquillo ♂ [반끼요]
선수 벤치

Gradas ♀ [그라다스]
관람석

Portería ♀ [뽀르떼리아]
골대

Palco ♂ [빨꼬]
VIP 박스석, 특별석

Equipo ♂ [에끼뽀]
(스포츠, 운동 경기의) 팀

Tips! 스페인 축구 경기장에서는 'Gradas(관람석)'이나 'VIP 박스석(Palco)'뿐만 아니라, 'Banquillo(선수 벤치)'나 'Portería(골대)' 근처까지 볼 수 있는 가이드 투어를 할 수 있어요! 좋아하는 'Equipo(팀)'이나 'Estadio(경기장)'이 있다면, 웹사이트에서 미리 예약해 보세요! 축덕이라면 절대 놓치면 안 돼요!

메인요리 즐기기

SCAN ME!

우리말 뜻을 보고 알맞은 단어를 스페인어로 써 보자!

1	경기장	2	축구 선수들이 사용하는 유니폼과 액세서리
3	축구장	4	선수 벤치
5	관람석	6	골대
7	VIP 박스석, 특별석	8	(스포츠, 운동 경기의) 팀

빈칸에 알맞은 단어를 스페인어로 써 보자!

1 ¿Dónde está el ______ Bernabeu?
돈데 에스따 엘 에스따디오 베르나베우
베르나베우 경기장은 어디에 있나요?

2 Ojalá poder ver el partido desde el ______.
오할라 뽀데르 베르 엘 빠르띠도 데스데 엘 빨꼬
VIP 박스석에서 경기를 볼 수 있었으면 좋겠어요.

3 ¿Qué ______ te gusta más?
께 에끼뽀 떼 구스따 마스
어떤 팀을 가장 좋아하시나요?

4 Me senté justo detrás del ______.
메 센떼 후스또 데뜨라스 델 반끼요
선수 벤치 바로 뒤에 앉았어요.

정답은 요리즐기기 정답 168p에서 확인!

메인요리 ❷

8분

라라와 함께 스페인에 축구 보러 갈까요?

Hururuk_Lara

Hururuk_Lara 스페인 역사상 최고의 미드필더 중 한 명을 만나다니! #나도축구선수다

후루룩 단어 체크하기

Hincha [인차]
축구 팬

Defensa [데펜사]
수비수

Árbitro [아르비뜨로]
심판

Centrocampista [센뜨로깜삐스따]
미드필더

Entrenador [엔뜨레나도르]
(남성) 감독, 코치

Delantero [델란떼로]
공격수

Portero [뽀르떼로]
골키퍼

Capitán [까삐딴]
캡틴

Tips! 'Hincha'는 오직 축구 팬에게만 쓴답니다. 가수나 영화 팬처럼 다른 분야에서는 'Fan[판]'이나 'Aficionado[아피시오나도]'를 써야 맞아요!

메인요리 즐기기

SCAN ME!

우리말 뜻을 보고 알맞은 단어를 스페인어로 써 보자!

1	축구 팬	2	수비수
3	심판	4	미드필더
5	(남성) 감독, 코치	6	공격수
7	골키퍼	8	캡틴

빈칸에 알맞은 단어를 스페인어로 써 보자!

1. El ______________ estaba comprado.
   엘 아르비뜨로 에스따바 꼼쁘라도
   심판이 매수당했어.

2. El ______________ hizo un paradón.
   엘 뽀르떼로 이소 운 빠라돈
   골키퍼가 잘 막았어요.

3. El ______________ marcó el último gol.
   엘 델란떼로 마르꼬 엘 울띠모 골
   공격수가 마지막 골을 넣었어요.

4. Los ______________ animaron durante todo el partido.
   로스 인차스 아니마론 두란떼 또도 엘 빠르띠도
   팬들은 경기 내내 환호했어요.

정답은 요리즐기기 정답 168p에서 확인!

메인요리 ❸

8분

라라와 함께 스페인에 축구 보러 갈까요?

Hururuk_Lara

Hururuk_Lara 축구장을 밟을 생각에 너무 신나요! #티키타카

후루룩 단어 체크하기

- **Golazo** ♂ [골라소] 훌륭한 골
- **Chupón** ♂ [추뽄] 패스 안 하는 선수, 호더
- **Chilena** ♀ [칠레나] 오버헤드킥
- **Chupar banquillo** [추빠르 반끼요] V 벤치워머, 벤치에만 있는 선수
- **Finta** ♀ [핀따] 페인트, 속임수 동작
- **Manta** ♂ [만따] 못하는 선수
- **Pichichi** ♂ [삐치치] 득점왕
- **Tiqui taca** ♂ [띠끼 따까] 티키타카, 빠른 패스 플레이

Tips! 'Pichichi(피치치)'는 전설적인 골잡이였어요! 그래서 스페인 스포츠 신문 'Marca(마르카)'는 득점왕에게 그의 이름을 딴 피치치 트로피를 매 시즌 수여한답니다!

메인요리 즐기기

SCAN ME!

우리말 뜻을 보고 알맞은 단어를 스페인어로 써 보자!

1. 훌륭한 골
2. 패스 안 하는 선수, 호더
3. 오버헤드킥
4. 벤치워머, 벤치에만 있는 선수
5. 페인트, 속임수 동작
6. 못하는 선수
7. 득점왕
8. 티키타카, 빠른 패스 플레이

빈칸에 알맞은 단어를 스페인어로 써 보자!

1. Messi es un ______________.
   메시 에스 운 삐치치
   메시는 득점왕이에요.

2. Ese jugador es un ______________.
   에세 후가도르 에스 운 만따
   그 선수는 너무 못해요.

3. El nuevo fichaje va a ______________ ______________ toda la temporada.
   엘 누에보 피차헤 바 아 추빠르 반끼요 또다 라 뗌뽀라다
   새로운 선수는 시즌 내내 벤치에만 있을 거예요.

4. Es un ______________. Nunca pasa el balón.
   에스 운 추뽄 눈까 빠사 엘 발론
   그 선수는 호더예요. 절대 패스를 안 해요.

정답은 요리즐기기 정답 168p에서 확인!

5분 휴식

디저트

학습을 마친 후, 얼마나 이해했는지 다시 한번 체크해 보세요!

	그렇다	보통이다	모르겠다
‘일반 관람석’과 ‘VIP 박스석’을 스페인어로 말할 수 있다.	☐	☐	☐
‘벤치 바로 뒤에 앉았어요’라는 문장을 만들 수 있다.	☐	☐	☐
공격수, 수비수 등 각 포지션을 스페인어로 말할 수 있다.	☐	☐	☐
‘Hincha’와 ‘Fan’의 차이를 설명할 수 있다.	☐	☐	☐
‘벤치에만 앉아 있는 선수’를 뜻하는 단어를 말할 수 있다.	☐	☐	☐
‘Pichichi’의 어원을 알고 있다.	☐	☐	☐

* 스코어 계산법 :
그렇다=3점, 보통이다=2점, 모르겠다=1점

나의 합계 스코어는 ______ 점

☑ 셀프진단

» **14점 이상 ★★★**
정말 훌륭합니다! ‘메인 요리1~3’을 입으로 뱉어 본 후 바로 학습을 종료해 주세요.

» **9~13점 ★★**
거의 다 왔습니다! 약한 부분만 시간에 맞춰 다시 학습한 후 학습을 종료해 주세요.

» **9점 미만 ★**
괜찮아요! 다시 한번 차근차근 ‘메인 요리1~3’을 학습해 봅시다!

원어민 음성듣기

Día 2

“꼬르따도 커피를 주시겠어요?”

오늘의 후루룩 코스

에피타이저 | 메인요리1~3 | 디저트

Día 2 학습을 모두 마치면

스페인 현지 커피와 카페 문화 관련
어휘를 배울 수 있어요!

후루룩 학습법

▸ 25분 학습 ◂ + ▸ 5분 휴식 ◂ = "1일 1후루룩 했다!"

1분 워밍업

- **에피타이저** 학습 전 셀프 체크하기

24분 집중

- **메인요리1** 스페인 전통 커피
- **요리 즐기기** 어휘 퀴즈
- **메인요리2** 스페인 아침 식사
- **요리 즐기기** 어휘 퀴즈
- **메인요리3** 카페에서 요청하기
- **요리 즐기기** 어휘 퀴즈

5분 휴식

- **디저트** 학습 후 다시 한번 셀프 진단하기

에피타이저

1분

학습을 시작하기 전, 내가 얼마나 알고 있는지 셀프 체크를 해 봅시다.

	YES	NO
★ '꼬르따도 커피'에 대해 들어 본 적이 있다.	☐	☐
★ '아메리카노'를 스페인어로 어떻게 말하는지 안다.	☐	☐
★ 스페인 현지 사람들의 해장 방법을 알고 있다.	☐	☐
★ 카페에서 토스트를 주문할 수 있다.	☐	☐
★ '테이크 아웃'을 말할 수 있다.	☐	☐
★ 스페인식 아이스 커피의 특징을 알고 있다.	☐	☐

☑ 셀프진단

» Yes가 4개 이상일 경우

'메인요리1~3'을 빠르게 확인 후 '메인요리 즐기기'에 도전해 보세요!

» Yes가 4개 이하일 경우

'메인요리1~3'을 집중해서 확인 후 '메인요리 즐기기'에 도전해 보세요!

메인요리 ❶

8분

라라와 함께 스페인 현지 카페 즐겨 볼까요?

Hururuk_Lara

Hururuk_Lara 스페인에는 다양한 커피가 있다는 거, 알고 계셨나요? #스페인커피맛있엉

후루룩 단어 체크하기

- **Carajillo** ♂ [까라히요] 술이 들어간 커피
- **Café americano** ♂ [까페 아메리까노] 아메리카노
- **Café con leche** ♂ [까페 꼰 레체] 라떼
- **Café bombón** ♂ [까페 봄본] 연유 커피
- **Cortado** ♂ [꼬르따도] 에스프레소에 약간 뜨거운 우유를 넣은 커피
- **Manchado** ♂ [만차도] 약간의 커피를 넣은 뜨거운 우유
- **Descafeinado** ♂ [데스까페이나도] 디카페인 커피
- **Café solo** ♂ [까페 솔로] 에스프레소

Tips! 스페인에도 스타벅스 같은 체인 커피숍이 있지만, 사람들은 보통 이른 아침부터 문을 여는 바(bar)에서 커피랑 아침 식사를 해요. 스페인의 바는 술만 마시는 곳이 아니라, 카페+식당+동네 아지트 같은 공간이랍니다. 현지인들처럼 바에 서서 커피 마시고 수다 떠는 여유, 꼭 느껴 보세요!

메인요리 즐기기

SCAN ME!

우리말 뜻을 보고 알맞은 단어를 스페인어로 써 보자!

1	술이 들어간 커피	2	아메리카노
3	라떼	4	연유 커피
5	에스프레소에 약간 뜨거운 우유를 넣은 커피	6	약간의 커피를 넣은 뜨거운 우유
7	디카페인 커피	8	에스프레소

빈칸에 알맞은 단어를 스페인어로 써 보자!

1. ¿Me pones un ____________, por favor?
   메 뽀네스 운 꼬르따도 뽀르 파보르
   꼬르따도 커피를 주시겠어요?

2. Mi café favorito es el ____________.
   미 카페 파보리또 에스 엘 까페 봄본
   제가 가장 좋아하는 커피는 연유 커피입니다.

3. Por la tarde sólo tomo ____________.
   뽀르 라 따르데 솔로 또모 데스까페이나도
   오후에는 디카페인 커피만 마십니다.

4. Este ____________ está muy cargado.
   에스떼 까라히요 에스따 무이 까르가도
   이 까라히요는 너무 세요.

정답은 요리즐기기 정답 168p에서 확인!

메인요리 ❷

8분

라라와 함께 카페에서 아침 식사를 즐겨 볼까요?

Hururuk_Lara

Hururuk_Lara 아침에는 추로스가 최고죠! #스페인아침국룰

후루룩 단어 체크하기

- Tostada ♀ [또스따다] 토스트
- Ensaimada ♀ [엔사이마다] 꽈배기 모양의 빵
- Bollo ♂ [보요] 달콤한 모닝빵
- Sobao ♂ [소바오] 카스텔라와 비슷한 빵
- Churros con chocolate ♂ [추로스 꼰 초꼴라떼] 추로스와 초콜릿
- Palmera ♀ [빨메라] 바삭한 하트 모양 페이스트리
- Porras ♀ [뽀라스] 큰 추로스
- Magdalenas ♀ [막달레나스] 마들렌

Tips! 스페인에서는 'Churros con chocolate(추로스와 초콜릿)'로 아침을 시작하는 게 흔한 일이에요. 특히 전날 과음했다면 필수 코스이지요. 초콜릿은 꾸덕꾸덕한 퐁듀처럼 진하고, 생각보다 덜 달아서 바삭한 추로스를 찍어 먹기 딱 좋아요. 속도 편안해지고 기분도 좋아지는 스페인식 해장 비법이랍니다!

메인요리 즐기기

SCAN ME!

우리말 뜻을 보고 알맞은 단어를 스페인어로 써 보자!

1	토스트	2	꽈배기 모양의 빵
3	달콤한 모닝빵	4	카스텔라와 비슷한 빵
5	추로스와 초콜릿	6	바삭한 하트 모양 페이스트리
7	큰 추로스	8	마들렌

빈칸에 알맞은 단어를 스페인어로 써 보자!

1. Después de la fiesta tomamos ________ ________ ________.
데스뿌에스 데 라 피에스따 또마모스 추로스 꼰 초꼴라떼
파티가 끝난 후 추로스와 초콜릿을 먹었어요.

2. Me encantan las ________.
메 엔깐딴 라스 막달레나스
마들렌을 너무 좋아해요.

3. En Mallorca es típico desayunar ________.
엔 마요르까 에스 띠삐꼬 데사유나르 엔사이마다
마요르카에서는 아침 식사로 엔사이마다를 먹는 것이 일반적이에요.

4. Póngame una ________ con tomate y jamón.
뽄가메 우나 또스따다 꼰 또마떼 이 하몬
토마토와 하몽 토스트를 주세요.

정답은 요리즐기기 정답 168p에서 확인!

메인요리 ❸

8분

라라와 함께 카페에서 원하는 것을 요청해 볼까요?

Hururuk_Lara •••

Hururuk_Lara 스페인 아이스 커피를 경험해 보세요. 완전 예술! #조심조심

후루룩 단어 체크하기

- **Vaso** ♂ [바소] 컵
- **Taza** ♀ [따사] 머그컵
- **Cucharilla** ♀ [꾸차리야] 티스푼
- **Crema** ♂ [끄레마] 크림
- **Azúcar** ♂ [아수까르] 설탕
- **Sacarina** ♀ [사까리나] 사카린
- **Para llevar** [빠라 예바르] V 포장하다, 테이크아웃
- **Con hielo** ♂ [꼰 이엘로] 아이스

Tips! 스페인 전통 카페에서 아이스 커피를 시키면, 뜨거운 커피랑 얼음이 담긴 컵을 따로 줘요! 하지만 놀라지 않으셔도 돼요. 직접 얼음 컵에 커피를 부어 마시는 방식이기 때문이랍니다. 이게 바로 스페인식 감성이에요!

메인요리 즐기기

SCAN ME!

우리말 뜻을 보고 알맞은 단어를 스페인어로 써 보자!

1	컵	2	설탕
3	머그컵	4	사카린
5	티스푼	6	포장하다, 테이크 아웃
7	크림	8	아이스

빈칸에 알맞은 단어를 스페인어로 써 보자!

1. ¿Me da un sobre de ________, por favor?
   메 다 운 소브레 데 아수까르 뽀르 파보르
   설탕 한 봉지 주시겠어요?

2. Póngamelo ________ ________, gracias.
   뽄가멜로 빠라 예바르 그라시아스
   테이크 아웃으로 주세요, 감사합니다.

3. Quiero un café ________ ________.
   끼에로 운 까페 꼰 이엘로
   아이스 커피를 마시고 싶어요.

4. ¿Puede quitar la ________?
   뿌에데 끼따르 라 끄레마
   크림을 빼 주시겠어요?

정답은 요리즐기기 정답 168p에서 확인!

5분 휴식

디저트

학습을 마친 후, 얼마나 이해했는지 다시 한번 체크해 보세요!

	그렇다	보통이다	모르겠다
스페인 커피 종류를 3가지 이상 설명할 수 있다.	☐	☐	☐
'Cortado'와 'Manchado'의 차이를 알고 있다.	☐	☐	☐
'Porra'의 의미를 설명할 수 있다.	☐	☐	☐
'마들렌'을 너무 좋아한다고 말할 수 있다.	☐	☐	☐
카페 점원에게 크림을 빼달라고 부탁할 수 있다.	☐	☐	☐
카페 점원에게 설탕을 부탁할 수 있다.	☐	☐	☐

* 스코어 계산법 :
그렇다=3점, 보통이다=2점, 모르겠다=1점

나의 합계 스코어는 ______ 점

셀프진단

» **14점 이상 ★★★**
정말 훌륭합니다! '메인 요리1~3'을 입으로 뱉어 본 후 바로 학습을 종료해 주세요.

» **9~13점 ★★**
거의 다 왔습니다! 약한 부분만 시간에 맞춰 다시 학습한 후 학습을 종료해 주세요.

» **9점 미만 ★**
괜찮아요! 다시 한번 차근차근 '메인 요리1~3'을 학습해 봅시다!

원어민 음성듣기

Día 3

"레몬이 들어간 끌라라 맥주를 좋아해요"

오늘의 후루룩 코스

Día 3 학습을 모두 마치면

스페인 현지 음주 문화 관련 어휘를 배울 수 있어요!

후루룩 학습법

▸ 25분 학습 ◂ + ▸ 5분 휴식 ◂ = "1일 1후루룩 했다!"

1분 워밍업

- **에피타이저** 학습 전 셀프 체크하기

24분 집중

- **메인요리1** 스페인 맥주
- **요리 즐기기** 어휘 퀴즈
- **메인요리2** 스페인 술안주
- **요리 즐기기** 어휘 퀴즈
- **메인요리3** 스페인식 베르무트 타임
- **요리 즐기기** 어휘 퀴즈

5분 휴식

- **디저트** 학습 후 다시 한번 셀프 진단하기

에피타이저

1분

학습을 시작하기 전, 내가 얼마나 알고 있는지 셀프 체크를 해 봅시다.

	YES	NO
★ 맥주잔 크기마다 부르는 명칭이 다른 것을 알고 있다.	☐	☐
★ 점원에게 맥주 가격을 물어 볼 수 있다.	☐	☐
★ 스페인 사람들이 '타파스'를 어떻게 즐기는지 알고 있다.	☐	☐
★ '속을 채운 올리브 요리'를 들어 본 적이 있다.	☐	☐
★ 현지 사람들의 점심 시간을 알고 있다.	☐	☐
★ 점원에게 어떤 음료가 있는지 물어 볼 수 있다.	☐	☐

☑ 셀프진단

» Yes가 4개 이상일 경우
'메인요리1~3'을 빠르게 확인 후 '메인요리 즐기기'에 도전해 보세요!

» Yes가 4개 이하일 경우
'메인요리1~3'을 집중해서 확인 후 '메인요리 즐기기'에 도전해 보세요!

메인요리 ❶

8분

라라와 함께 스페인 맥주 즐겨 볼까요?

Hururuk_Lara

Hururuk_Lara 스페인에는 맥주가 너무 많아서 고를 수 없어요! #스페인맥주

후루룩 단어 체크하기

- **Cerveza** ♀ [세르베사] 맥주
- **Sin alcohol** [신 알꼴] adj 무알콜의, 알코올 없는
- **Caña** ♀ [까냐] 생맥주 200ml
- **Botellín** ♂ [보뗴진] 병맥주 200ml
- **De grifo** [데 그리포] adj 생맥주의, 탭에서 나오는
- **Clara** ♀ [끌라라] 맥주와 레몬 사이다를 섞은 음료
- **Tercio** ♂ [떼르시오] 병맥주 330ml
- **Doble** ♀ [도블레] 생맥주 400ml

Tips! 스페인엔 맥주 종류도 다양하고, 지역마다 부르는 이름도 달라요! 보통 맥주를 스페인어로는 'Caña'라고 하지만, 일부 지역에서는 'Zurito[수리또]'라고 부르기도 해요. 헷갈리지 않으려면 주문 전에 바텐더에게 살짝 물어보는 센스!

메인요리 즐기기

SCAN ME!

우리말 뜻을 보고 알맞은 단어를 스페인어로 써 보자!

1	맥주	2	무알콜의, 알코올 없는
3	생맥주 200ml	4	병맥주 200ml
5	생맥주의, 탭에서 나오는	6	맥주와 레몬 사이다를 섞은 음료
7	병맥주 330ml	8	생맥주 400ml

빈칸에 알맞은 단어를 스페인어로 써 보자!

1. ¿Cuánto cuesta un ____________?
   꾸안또 꾸에스따 운 떼르시오
   떼르시오(병맥주 330ml) 한 병 얼마인가요?

2. Tengo que conducir, así que ponme una ________ ________.
   뗑고 께 꼰두시르 아시 께 뽄메 우나 신 알꼴
   운전을 해야 하니 무알콜 맥주를 주세요.

3. Me gusta la ____________ con limón.
   메 구스따 라 끌라라 꼰 리몬
   저는 레몬이 들어간 끌라라 맥주를 좋아해요.

4. Este bar tiene las mejores ____________.
   에스떼 바르 띠에네 라스 메호레스 까냐
   이 바에는 최고의 까냐(맥주 200ml)가 있어요.

정답은 요리즐기기 정답 169p에서 확인!

메인요리 ❷

8분

라라와 함께 스페인 술 안주 즐겨 볼까요?

Hururuk_Lara

Hururuk_Lara 뭘 먹을지 고민된다면 타파스가 정답이죠! #실패없는타파스

후루룩 단어 체크하기

- **Tapas** ♀ [따빠스] 타파스
- **Torreznos** ♂ [또레스노스] 삼겹살 튀김
- **Pincho** ♂ [삔초] 빵과 토핑을 이쑤시개로 고정한 간식
- **Patatas bravas** ♀ [빠따따스 브라바스] 매콤한 감자요리
- **Tortilla** ♀ [또르띠야] 스페인식 오믈렛
- **Aceitunas** ♀ [아세이뚜나스] 올리브
- **Bocadillo** ♂ [보까디요] 바게트 샌드위치
- **Para picar** [빠라 삐까르] adj 요깃거리의, 가볍게 집어먹는

Tips! 스페인 바에서는 음료만 시켜도 무료 타파스가 나와요. 진짜 공짜예요! 계속 주문하면 그때마다 다른 타파스를 주는 곳도 있어요. 스페인 전국의 타파스를 한 번에 맛보고 싶다면 마드리드의 'Mercado de San Miguel(메르까도 데 산 미겔)'로 고고! 먹는 재미 가득한 천국이에요!

메인요리 즐기기

SCAN ME!

우리말 뜻을 보고 알맞은 단어를 스페인어로 써 보자!

1	타파스	2	삼겹살 튀김
3	빵과 토핑을 이쑤시개로 고정한 간식	4	매콤한 감자요리
5	스페인식 오믈렛	6	올리브
7	바게트 샌드위치	8	요깃거리의, 가볍게 집어먹는

빈칸에 알맞은 단어를 스페인어로 써 보자!

1 ¿Quieren algo ______ ______?
끼에렌 알고 빠라 삐까르
요깃거리 필요하세요?

2 Las ______ rellenas están buenísimas.
라스 아세이뚜나스 레예나스 에스딴 부에니시마스
속을 채운 올리브가 너무 맛있어요.

3 En Madrid es típico comer ______ de calamares.
엔 마드리드 에스 띠삐꼬 꼬메르 보까디요 데 깔라마레스
마드리드에서는 오징어 바게트 샌드위치를 먹는 것이 일반적이에요.

4 ¿Nos pones un ______ de jamón?
노스 뽀네스 운 삔초 데 하몬
하몽 삔초 하나 주시겠어요?

정답은 요리즐기기 정답 169p에서 확인!

메인요리 ❸

8분

라라와 함께 스페인식 베르무트 타임 즐겨 볼까요?

Hururuk_Lara

Hururuk_Lara 진짜 스페인 사람처럼 정오에는 vermút을! #vermut타임

후루룩 단어 체크하기

- **Refrescos** ♂ [레프레스꼬스] 음료수
- **Bitter Kas** ♂ [비떼르 까스] 과일향의 쓴 탄산 음료
- **Vermút** ♂ [베르뭇] 와인에 향료를 넣어 우려 만든 술
- **Barra** ♀ [바라] 바 카운터
- **Mosto** ♂ [모스또] 와인을 만들기 전의 포도즙
- **Mesa** ♀ [메사] 테이블
- **Gaseosa** ♀ [가세오사] 스페인식 사이다
- **Terraza** ♀ [떼라사] 야외 테라스석

Tips! 스페인에서는 점심이 보통 오후 2시쯤이라, 주말이나 공휴일엔 12시쯤 바에 가서 가볍게 한잔하며 타파스를 즐겨요! 이걸 'hora del vermút(베르무트 타임)'이라고 불러요. 입맛 돋우는 스페인식 브런치 문화, 꼭 한번 즐겨 보세요!

메인요리 즐기기

SCAN ME!

우리말 뜻을 보고 알맞은 단어를 스페인어로 써 보자!

1	음료수	2	과일향의 쓴 탄산 음료
3	와인에 향료를 넣어 우려 만든 술	4	바 카운터
5	와인을 만들기 전의 포도즙	6	테이블
7	스페인식 사이다	8	야외 테라스석

빈칸에 알맞은 단어를 스페인어로 써 보자!

1. ¿Podemos sentarnos en la ____________ ?
   뽀데모스 센따르노스 엔 라 떼라사
   야외 테라스석에 앉을 수 있나요?

2. Sólo queda sitio en la ____________ .
   솔로 께다 시띠오 엔 라 바라
   바 카운터에만 자리가 있어요.

3. ¿Qué ____________ tienen?
   께 레프레스꼬스 띠에넨
   어떤 음료가 있나요?

4. No me gusta el ____________ ____________ .
   노 메 구스따 엘 비떼르 까스
   저는 비떼르 까스를 좋아하지 않아요.

정답은 요리즐기기 정답 169p에서 확인!

디저트

5분 휴식

학습을 마친 후, 얼마나 이해했는지 다시 한번 체크해 보세요!

	그렇다	보통이다	모르겠다
‘Caña’와 ‘Zurito’가 무엇을 뜻하는지 설명할 수 있다.	☐	☐	☐
‘무알콜맥주’를 스페인어로 말할 수 있다.	☐	☐	☐
현지 대표 안주 ‘Pincho’을 설명할 수 있다.	☐	☐	☐
마드리드 사람들이 좋아하는 샌드위치를 안다.	☐	☐	☐
점원에게 테라스 자리를 부탁할 수 있다.	☐	☐	☐
‘Vermút’이 무엇인지 설명할 수 있다.	☐	☐	☐

* 스코어 계산법 :
그렇다=3점, 보통이다=2점, 모르겠다=1점

나의 합계 스코어는 ______ 점

☑ 셀프진단

» **14점 이상 ★★★**
정말 훌륭합니다! ‘메인 요리1~3’을 입으로 뱉어 본 후 바로 학습을 종료해 주세요.

» **9~13점 ★★**
거의 다 왔습니다! 약한 부분만 시간에 맞춰 다시 학습한 후 학습을 종료해 주세요.

» **9점 미만 ★**
괜찮아요! 다시 한번 차근차근 ‘메인 요리1~3’을 학습해 봅시다!

원어민 음성듣기

Día 4

"이 모자 파란색도 있나요?"

오늘의 후루룩 코스

에피타이저 | 메인요리1~3 | 디저트

Día 4 학습을 모두 마치면

스페인 현지 패션 어휘를
배울 수 있어요!

후루룩 학습법

▸ 25분 학습 ◂ + ▸ 5분 휴식 ◂ = "1일 1후루룩 했다!"

1분 워밍업

- **에피타이저** 학습 전 셀프 체크하기

24분 집중

- **메인요리1** 포멀 스타일
- **요리 즐기기** 어휘 퀴즈
- **메인요리2** 캐주얼 스타일
- **요리 즐기기** 어휘 퀴즈
- **메인요리3** 액세서리
- **요리 즐기기** 어휘 퀴즈

5분 휴식

- **디저트** 학습 후 다시 한번 셀프 진단하기

에피타이저

1분

학습을 시작하기 전, 내가 얼마나 알고 있는지 셀프 체크를 해 봅시다.

	YES	NO
★ '격식 있는 차림'을 뜻하는 단어를 말할 수 있다.	☐	☐
★ 의류와 관련된 스페인어 단어를 2개 이상 알고 있다.	☐	☐
★ '캐주얼한 차림'을 뜻하는 단어를 말할 수 있다.	☐	☐
★ '프리마크'라고 하는 스페인 쇼핑몰을 들어 본 적 있다.	☐	☐
★ '액세서리'를 스페인어로 말할 수 있다.	☐	☐
★ '모자'와 '선글라스'를 스페인어로 말할 수 있다.	☐	☐

☑ 셀프진단

» Yes가 4개 이상일 경우
'메인요리1~3'을 빠르게 확인 후 '메인요리 즐기기'에 도전해 보세요!

» Yes가 4개 이하일 경우
'메인요리1~3'을 집중해서 확인 후 '메인요리 즐기기'에 도전해 보세요!

메인요리 ❶

8분

라라와 함께 스페인 패션 살펴볼까요?

Hururuk_Lara •••

Hururuk_Lara 패션위크에서 멋있게 #스페인패션위크 #라라출격

후루룩 단어 체크하기

- **Arreglado** [아레글라도] adj 차려입은, 단정한
- **Chaleco** ♂ [찰레꼬] 양복 조끼
- **Traje** ♂ [뜨라헤] 수트, 양복
- **Vestido** ♀ [베스띠도] 드레스
- **Corbata** ♀ [꼬르바따] 넥타이
- **Mocasines** ♂ [모까시네스] 로퍼, 모카신
- **Camisa** ♀ [까미사] 셔츠
- **Tacones** ♂ [따꼬네스] 하이힐

Tips! 스페인어로 'Formal(포멀)' 대신 'De traje y corbata(양복과 넥타이)'라고도 해요! 이 말이 들리면 격식 있게 차려입어야 한다는 신호예요. 청바지는 금지!

메인요리 즐기기

SCAN ME!

우리말 뜻을 보고 알맞은 단어를 스페인어로 써 보자!

1	차려입은, 단정함	2	양복 조끼
3	수트, 양복	4	드레스
5	넥타이	6	로퍼, 모카신
7	셔츠	8	하이힐

빈칸에 알맞은 단어를 스페인어로 써 보자!

1. Es un evento formal, tengo que ir ____________.
   에스 운 에벤또 포르말 뗀고 께 이르 아레글라도
   공식적인 행사라서 옷을 차려입어야 해요.

2. Estos ____________ me están matando.
   에스또스 따꼬네스 메 에스딴 마딴도
   이 하이힐 때문에 죽겠어요.

3. Si la gala es de noche, mejor un ____________ largo.
   시 라 갈라 에스 데 노체 메호르 운 베스띠도 라르고
   밤에 갈라가 있다면 긴 드레스가 더 좋습니다.

4. Hay que ir de ____________ y ____________.
   아이 께 이르 데 뜨라헤 이 꼬르바타
   양복과 넥타이를 착용해야 합니다.

정답은 요리즐기기 정답 169p에서 확인!

메인요리 ❷

8분

라라와 함께 스페인 패션 살펴볼까요?

Hururuk_Lara •••

Hururuk_Lara 제 스타일은 2가지예요. 너무 화려하거나 완전 편하거나 ㅎㅎ #쉬는날

후루룩 단어 체크하기

- Informal [인포르말] adj 캐주얼한, 격식 없는
- Deportivas ♀ [데뽀르띠바스] 운동화
- Vaqueros ♂ [바께로스] 청바지
- Sudadera ♀ [수다데라] 후디
- Camiseta ♀ [까미세따] 티셔츠
- Jersey ♂ [헤르세이] 니트
- Minifalda ♀ [미니팔다] 미니 스커트
- Chaqueta ♀ [차께따] 재킷

Tips! 스페인에서 예쁘고 캐주얼한 옷을 찾고 있다면, 저는 'Primark(프리마크)'를 강력 추천해요! 특히 마드리드 그란비아 지점은 스페인 최대 규모라 쇼핑 천국 같은 느낌이에요. 그냥 구경만 해도 재밌답니다!

메인요리 즐기기

SCAN ME!

우리말 뜻을 보고 알맞은 단어를 스페인어로 써 보자!

1	캐주얼한, 격식 없는	2	운동화
3	청바지	4	후디
5	티셔츠	6	니트
7	미니 스커트	8	재킷

빈칸에 알맞은 단어를 스페인어로 써 보자!

1. Normalmente mi estilo es ______________ .
   노르말멘떼 미 에스띨로 에스 인포르말
   저는 보통 캐주얼한 스타일을 선호해요.

2. Necesito unas nuevas ______________ .
   네세시또 우나스 누에바스 데뽀르띠바스
   새로운 운동화가 필요해요.

3. En otoño, lleva siempre una ______________ .
   엔 오또뇨 예바 시엠쁘레 우나 차께따
   가을에는 반드시 재킷을 챙기세요.

4. Estos ______________ me quedan pequeños, ¿tiene una talla más?
   에스또스 바께로스 메 께단 뻬께뇨스 띠에네 우나 따야 마스
   이 청바지는 제게 작은 편인데, 더 큰 사이즈가 있나요?

정답은 요리즐기기 정답 169p에서 확인!

메인요리 ❸

8분

라라와 함께 액세서리 체크해 볼까요?

Hururuk_Lara

Hururuk_Lara 액세서리로 완전히 다른 스타일을 만들 수 있어요! #블링블링

후루룩 단어 체크하기

Accesorios ♂ [악세소리오스] 액세서리	Anillo ♂ [아니요] 반지
Gafas de sol ♀ [가파스 데 솔] 선글라스	Pulsera ♀ [뿔세라] 팔찌
Gorra ♀ [고라] 모자	Pendientes ♂ [뻰디엔떼스] 귀걸이
Collar ♂ [꼬야르] 목걸이	Reloj ♂ [렐로흐] 시계

Tips! 스페인 여름은 진짜 덥고 하늘에 구름도 거의 없어요. 특히 마드리드랑 남부 지역은 햇빛이 아주 강하답니다. 외출할 땐 꼭 모자랑 선글라스를 챙기세요. 스페인 햇살 필수템이에요!

메인요리 즐기기

SCAN ME!

우리말 뜻을 보고 알맞은 단어를 스페인어로 써 보자!

1 액세서리
2 반지
3 선글라스
4 팔찌
5 모자
6 귀걸이
7 목걸이
8 시계

빈칸에 알맞은 단어를 스페인어로 써 보자!

1 Se me ha perdido la ______________.
세 메 아 뻬르디도 라 뽈세라
팔찌를 잃어버렸어요.

2 ¿Tiene esta ______________ en azul?
띠에네 에스따 고라 엔 아술
이 모자 파란색도 있나요?

3 Mi ______________ no tiene pilas.
미 렐로흐 노 띠에네 삘라스
시계 배터리가 없어요.

4 No te compres ________ ________ ________ de mala calidad.
노 떼 꼼쁘레스 가파스 데 솔 데 말라 깔리닫
품질이 좋지 않은 선글라스를 사지 마요.

정답은 요리즐기기 정답 169p에서 확인!

5분 휴식

디저트

학습을 마친 후, 얼마나 이해했는지 다시 한번 체크해 보세요!

	그렇다	보통이다	모르겠다
‘De traje y corbata’가 무엇을 뜻하는지 설명할 수 있다.	☐	☐	☐
‘Traje’와 ‘Vestido’의 차이를 알고 있다.	☐	☐	☐
점원에게 더 큰 청바지는 없는지 물어 볼 수 있다.	☐	☐	☐
‘Informal’은 어떤 스타일을 뜻하는지 설명할 수 있다.	☐	☐	☐
액세서리와 관련된 스페인어 단어를 3개 이상 알고 있다.	☐	☐	☐
스페인 여행 필수 액세서리 2개를 스페인어로 말할 수 있다.	☐	☐	☐

* 스코어 계산법 :
그렇다=3점, 보통이다=2점, 모르겠다=1점

나의 합계 스코어는 ______ **점**

☑ 셀프진단

» **14점 이상 ★★★**
정말 훌륭합니다! ‘메인 요리1~3’을 입으로 뱉어 본 후 바로 학습을 종료해 주세요.

» **9~13점 ★★**
거의 다 왔습니다! 약한 부분만 시간에 맞춰 다시 학습한 후 학습을 종료해 주세요.

» **9점 미만 ★**
괜찮아요! 다시 한번 차근차근 ‘메인 요리1~3’을 학습해 봅시다!

원어민 음성듣기

Día 5

"시간이 늦었으니 올빼미 버스를 타야 해요"

오늘의 후루룩 코스

에피타이저 · 메인요리1~3 · 디저트

Día 5 학습을 모두 마치면

스페인 교통수단 관련 어휘를 배울 수 있어요!

후루룩 학습법

▸ 25분 학습 ◂ + ▸ 5분 휴식 ◂ = "1일 1후루룩 했다!"

1분 워밍업

- **에피타이저** 학습 전 셀프 체크하기

24분 집중

- **메인요리1** 교통수단
- **요리 즐기기** 어휘 퀴즈
- **메인요리2** 지하철1
- **요리 즐기기** 어휘 퀴즈
- **메인요리3** 지하철2
- **요리 즐기기** 어휘 퀴즈

5분 휴식

- **디저트** 학습 후 다시 한번 셀프 진단하기

에피타이저

1분

학습을 시작하기 전, 내가 얼마나 알고 있는지 셀프 체크를 해 봅시다.

	YES	NO
★ 마드리드에 있는 주요 기차역을 알고 있다.	☐	☐
★ 가장 가까운 지하철역이 어딘지 물어 볼 수 있다.	☐	☐
★ '교통카드'를 스페인어로 말할 수 있다.	☐	☐
★ '표 사는 곳'을 스페인어로 말할 수 있다.	☐	☐
★ 스페인 지하철의 특이한 점을 들어 본 적 있다.	☐	☐
★ '러시아워'를 스페인어로 말할 수 있다.	☐	☐

☑ 셀프진단

» Yes가 4개 이상일 경우
'메인요리1~3'을 빠르게 확인 후 '메인요리 즐기기'에 도전해 보세요!

» Yes가 4개 이하일 경우
'메인요리1~3'을 집중해서 확인 후 '메인요리 즐기기'에 도전해 보세요!

메인요리 ❶

8분

라라와 함께 현지 교통수단을 확인해 볼까요?

Hururuk_Lara

Hururuk_Lara 스페인 여행은 기차가 편해요! #Atocha역

후루룩 단어 체크하기

- Parada de autobús ♀ [빠라다 데 아우또부스] 버스 정류장
- Autobús búho ♂ [아우또부스 부오] 올빼미 버스, 야간버스
- Parada de taxi ♀ [빠라다 데 딱시] 택시 정거장
- AVE ♂ [아베] 고속열차
- Estación de metro ♀ [에스따시온 데 메뜨로] 지하철역
- Alvia ♂ [알비아] 일반열차
- Estación de tren ♀ [에스따시온 데 뜨렌] 기차역
- Renfe ♀ [렌페] 스페인의 대표적인 국영 철도 회사

Tips! 마드리드에 있는 'Atocha Renfe(아토차 렌페)'는 기차와 지하철이 연결된 주요 역으로, 서울역과 비슷한 역할을 해요. 바르셀로나나 세비야 같은 다른 도시로 이동할 때 자주 이용돼요. 기차표는 Renfe 공식 웹사이트에서 예매하거나, 역에서 직접 살 수도 있답니다.

메인요리 즐기기

SCAN ME!

우리말 뜻을 보고 알맞은 단어를 스페인어로 써 보자!

1	버스 정류장	2	올빼미 버스, 야간버스
3	택시 정거장	4	고속열차
5	지하철역	6	일반열차
7	기차역	8	스페인의 대표적인 국영 철도 회사

빈칸에 알맞은 단어를 스페인어로 써 보자!

1. ¿Sabe dónde hay una ....?
   사베 돈데 아이 우나 빠라다 데 딱시
   택시 정거장이 어디에 있는지 아시나요?

2. Como se ha hecho tarde, tenemos que coger el ....
   꼬모 세 아 에초 따르데 떼네모스 께 꼬헤르 엘 아우또부스 부오
   시간이 늦어지니까 올빼미 버스를 타야 해요.

3. ¿Cuál es la .... más cercana?
   꾸알 에스 라 에스따시온 데 메뜨로 마스 세르까나
   가장 가까운 지하철역은 어디인가요?

4. El .... no pasa por aquí.
   엘 아베 노 빠사 뽀르 아끼
   AVE(고속열차)는 이곳을 통과하지 않습니다.

정답은 요리즐기기 정답 170p에서 확인!

메인요리 ❷

8분

라라와 함께 스페인 지하철 타 볼까요?

Hururuk_Lara •••

Hururuk_Lara 마드리드에서는 택시보다 지하철이 더 빨라요 #metrodemadrid

후루룩 단어 체크하기

Andén ♂ [안덴] 승강장, 플랫폼	**Tarjeta de transporte** ♀ [따르헤따 데 뜨란스뽀르떼] 교통카드
Tornos ♂ [또르노스] 개찰구	**Abono turístico** ♂ [아보노 뚜리스띠꼬] 관광 교통카드
Taquilla ♀ [따끼야] 매표소, 표 사는 곳	**Tarifa nocturna** ♀ [따리파 녹뚜르나] 야간 할증
Billete ♂ [비예떼] 티켓, 승차권	**Tarifa fija** ♀ [따리파 피하] 정액 요금

Tips! 한국의 티머니처럼 마드리드에도 충전해서 쓰는 교통카드가 있어요. 지하철역에 있는 기계에서 구매할 수 있고 충전도 쉬워요. 이 카드 하나로 지하철, 버스, 기차, 트램까지 다 탈 수 있어서 마드리드 시내 돌아다니기에 완전 필수템이에요!

메인요리 즐기기

SCAN ME!

우리말 뜻을 보고 알맞은 단어를 스페인어로 써 보자!

1	승강장, 플랫폼	2	교통카드
3	개찰구	4	관광 교통카드
5	매표소, 표 사는 곳	6	야간 할증
7	티켓, 승차권	8	정액 요금

빈칸에 알맞은 단어를 스페인어로 써 보자!

1. Te espero en el ______________ .
   떼 에스뻬로 엔 엘 안덴
   플랫폼에서 기다릴게요.

2. La ______________ está cerrada, hay que usar la máquina.
   라 따끼야 에스따 세라다 아이 께 우사르 라 마끼나
   매표소가 닫혀 있어서 기계를 이용하셔야 해요.

3. La ______________ ______________ es muy cara.
   라 따리파 녹뚜르나 에스 무이 까라
   야간 할증이 매우 비싸요.

4. Hay una ______________ ______________ de taxis desde el aeropuerto.
   아이 우나 따리파 피하 데 딱시스 데스데 엘 에로뿌에르또
   공항에서 택시를 이용할 경우 정액 요금이 있어요.

정답은 요리즐기기 정답 170p에서 확인!

메인요리 ❸

8분

라라와 함께 스페인 지하철 타 볼까요?

Hururuk_Lara •••

Hururuk_Lara 스페인 지하철에는 신기한 게 많아요! #손잡이올리세용

후루룩 단어 체크하기

- **Revisor** ♂ [레비소르] 티켓 검표원
- **Ir de pie** [이르 데 삐에] Ⓥ 서 있다
- **Pasajero** ♂ [빠사헤로] 승객
- **Asiento para minusválidos** ♂ [아시엔또 빠라 미누스발리도스] 장애인석, 노약자석
- **Carterista** ♂ [까르떼리스따] 소매치기
- **Ceder el asiento** [세데르 엘 아시엔또] Ⓥ 자리를 양보하다
- **Hora punta** ♀ [오라 뿐따] 러시아워
- **Pasarse la parada** [빠사르세 라 빠라다] Ⓥ 내릴 역을 놓치다

Tips! 스페인 지하철은 한국처럼 자동문이 아닌 거 혹시 아셨나요? 현지 지하철은 내릴 때나 탈 때 직접 문을 열어야 해요. 목적지에 도착했다면 꼭 레버를 올리거나 버튼을 눌러서 하차해 주세요! 안 그러면 그냥 지나칠 수 있답니다.

메인요리 즐기기

SCAN ME!

우리말 뜻을 보고 알맞은 단어를 스페인어로 써 보자!

1	티켓 검표원	2	서 있다
3	승객	4	장애인석, 노약자석
5	소매치기	6	자리를 양보하다
7	러시아워	8	내릴 역을 놓치다

빈칸에 알맞은 단어를 스페인어로 써 보자!

1. Prepara tu billete para enseñárselo al ______________.
   쁘레빠라 뚜 비예떼 빠라 엔세냐르셀로 알 레비소르
   티켓 검표원에게 티켓을 보여 줄 준비하세요.

2. Prefiero evitar la ______________ ______________.
   쁘레피에로 에비따르 라 오라 뿐따
   저는 러시아워를 피하는 것을 선호해요.

3. ¿Por qué siempre me toca ________ ________ ________ en el metro?
   뽀르 께 시엠쁘레 메 또까 이르 데 삐에 엔 엘 메뜨로
   왜 지하철에서 항상 서 있어야 하죠?

4. Hay que ________ ________ ________ a las embarazadas.
   아이 께 세데르 엘 아시엔또 아 라스 엠바라사다스
   임산부에게 자리를 양보해야 합니다.

정답은 요리즐기기 정답 170p에서 확인!

디저트

5분 휴식

학습을 마친 후, 얼마나 이해했는지 다시 한번 체크해 보세요!

	그렇다	보통이다	모르겠다
‘Atocha Renfe’가 어떤 곳인지 설명할 수 있다.	☐	☐	☐
‘AVA’와 ‘Alvia’의 차이를 설명할 수 있다.	☐	☐	☐
상대에게 플랫폼에서 기다리겠다고 말할 수 있다.	☐	☐	☐
‘Tarifa’를 활용한 어휘 2개를 만들 수 있다.	☐	☐	☐
스페인 지하철의 하차 방법을 설명할 수 있다.	☐	☐	☐
‘노약자석’을 스페인어로 말할 수 있다.	☐	☐	☐

* 스코어 계산법 :
그렇다=3점, 보통이다=2점, 모르겠다=1점

나의 합계 스코어는 ______ **점**

☑ 셀프진단

» 14점 이상 ★★★
정말 훌륭합니다! ‘메인 요리1~3’을 입으로 뱉어 본 후 바로 학습을 종료해 주세요.

» 9~13점 ★★
거의 다 왔습니다! 약한 부분만 시간에 맞춰 다시 학습한 후 학습을 종료해 주세요.

» 9점 미만 ★
괜찮아요! 다시 한번 차근차근 ‘메인 요리1~3’을 학습해 봅시다!

원어민 음성듣기

Día 6

"디저트로 아이스크림을 먹고 싶어요"

오늘의 후루룩 코스

에피타이저 · 메인요리1~3 · 디저트

Día 6 학습을 모두 마치면

스페인 현지 음식과 식문화 관련
어휘를 배울 수 있어요!

후루룩 학습법

▸ 25분 학습 ◂ + ▸ 5분 휴식 ◂ = "1일 1후루룩 했다!"

1분 워밍업

- **에피타이저** 학습 전 셀프 체크하기

24분 집중

- **메인요리1** 식당과 상점
- **요리 즐기기** 어휘 퀴즈
- **메인요리2** 레스토랑 주문
- **요리 즐기기** 어휘 퀴즈
- **메인요리3** 식기류
- **요리 즐기기** 어휘 퀴즈

5분 휴식

- **디저트** 학습 후 다시 한번 셀프 진단하기

에피타이저

1분

학습을 시작하기 전, 내가 얼마나 알고 있는지 셀프 체크를 해 봅시다.

	YES	NO
★ '레스토랑'을 스페인어로 알고 있다.	☐	☐
★ '슈퍼마켓'을 스페인어로 알고 있다.	☐	☐
★ 점원에게 계산서를 부탁할 수 있다.	☐	☐
★ 점원에게 '오늘의 메뉴'를 물어 볼 수 있다.	☐	☐
★ 수저, 나이프 등 식기류 단어를 최소 1개 이상 알고 있다.	☐	☐
★ 점원에게 물병을 달라고 부탁할 수 있다.	☐	☐

☑ 셀프진단

» Yes가 4개 이상일 경우
'메인요리1~3'을 빠르게 확인 후 '메인요리 즐기기'에 도전해 보세요!

» Yes가 4개 이하일 경우
'메인요리1~3'을 집중해서 확인 후 '메인요리 즐기기'에 도전해 보세요!

메인요리 ❶

8분

라라와 함께 식당과 상점 구경해 볼까요?

Hururuk_Lara

Hururuk_Lara 스페인 빵은 사랑이에요 #빵♥♥♥

후루룩 단어 체크하기

- **Supermercado** ♂ [수뻬르메르까도] 슈퍼마켓
- **Carnicería** ♀ [까르니세리아] 정육점
- **Frutería** ♀ [프루떼리아] 과일 가게
- **Tienda de alimentación** ♀ [띠엔다 데 알리멘따시온] 편의점
- **Panadería** ♀ [빠나데리아] 빵집
- **Centro comercial** ♂ [센뜨로 꼬메르시알] 쇼핑몰
- **Pescadería** ♀ [뻬스까데리아] 생선 가게
- **Restaurante** ♂ [레스따우란떼] 레스토랑, 식당

Tips! 스페인 사람들은 한국보다 훨씬 늦게 밥을 먹어요! 점심은 보통 1시 반~3시 반, 저녁은 8시 반~10시 사이에 시작해요. 너무 일찍 가면 식당 문이 닫혀 있을 수도 있으니 주의! 관광지라면 예외일 수 있어요!

메인요리 즐기기

SCAN ME!

우리말 뜻을 보고 알맞은 단어를 스페인어로 써 보자!

1	슈퍼마켓	2	정육점
3	과일 가게	4	편의점
5	빵집	6	쇼핑몰
7	생선 가게	8	레스토랑, 식당

빈칸에 알맞은 단어를 스페인어로 써 보자!

1. Quedamos mañana en el ________ ________.
   께다모스 마냐나 엔 엘 센뜨로 꼬메르시알
   내일 쇼핑몰에서 만나요.

2. Esa ________ tiene las mejores barras de pan.
   에사 빠나데리아 띠에네 라스 메호레스 바라스 데 빤
   저 빵집이 바게트를 제일 잘 만들어요.

3. Vamos al ________ a por bebidas.
   바모스 알 수뻬르메르까도 아 뽀르 베비다스
   우리 마실 것 사러 슈퍼마켓에 가자.

4. La ________ ________ ________ está abierta 24 horas.
   라 띠엔다 데 알리멘따시온 에스따 아비에르따 베인띠꾸아뜨로 오라스
   그 편의점은 24시간 영업해요.

정답은 요리즐기기 정답 170p에서 확인!

메인요리 ❷

8분

라라와 함께 식당에서 주문해 볼까요?

Hururuk_Lara

Hururuk_Lara 여기선 살쪄도 너무 행복해요 ㅎㅎ #스페인음식먹부림

후루룩 단어 체크하기

- **Menú del día** ♂ [메누 델 디아] 오늘의 메뉴
- **Carta** ♀ [까르따] 메뉴
- **Especialidad** ♀ [에스뻬시알리닫] 오늘의 특선 요리
- **Cuenta** ♀ [꾸엔따] 계산서, 영수증
- **Primer plato** ♂ [쁘리메르 쁠라또] 첫 번째 코스
- **Segundo plato** ♂ [세군도 쁠라또] 두 번째 코스
- **Postre** ♂ [뽀스뜨레] 디저트
- **Propina** ♀ [쁘로삐나] 팁

Tips! 스페인 레스토랑에는 대부분 'menú del día(오늘의 메뉴)'가 있어요. 전식, 본식, 디저트, 커피나 차까지 포함인데도 가격이 훨씬 저렴하답니다. 개별로 시키는 것보다 훨씬 이득이니, 점원에게 물어 보는 것을 추천해요!

메인요리 즐기기

SCAN ME!

우리말 뜻을 보고 알맞은 단어를 스페인어로 써 보자!

1	오늘의 메뉴	2	첫 번째 코스
3	메뉴	4	두 번째 코스
5	오늘의 특선 요리	6	디저트
7	계산서, 영수증	8	팁

빈칸에 알맞은 단어를 스페인어로 써 보자!

1. ¿Tienen ________ ________ ________?
   띠에넨 메누 델 디아
   오늘의 메뉴가 있나요?

2. ¿Me trae la ________, por favor?
   메 뜨라에 라 꾸엔따 뽀르 파보르
   계산서를 가져다 주시겠어요?

3. La ________ del día es el bacalao.
   라 에스뻬시알리닫 델 디아 에스 엘 바깔라오
   오늘의 특선 요리는 대구입니다.

4. Yo quiero helado de ________.
   요 끼에로 엘라도 데 뽀스뜨레
   디저트로 아이스크림을 먹고 싶어요.

정답은 요리즐기기 정답 170p에서 확인!

메인요리 ❸

8분

라라와 함께 식당 식기류 살펴볼까요?

Hururuk_Lara

Hururuk_Lara 스페인에서는 빵도 수저예요! #포크필요없음

후루룩 단어 체크하기

- **Cubiertos** ♂ [꾸비에르또스] 수저
- **Plato** ♂ [쁠라또] 접시
- **Cuchillo** ♂ [꾸치요] 칼, 나이프
- **Copa** ♀ [꼬빠] 잔
- **Tenedor** ♂ [떼네도르] 포크
- **Jarra** ♀ [하라] 물 주전자, 물병
- **Cuchara** ♀ [꾸차라] 숟가락
- **Servilleta** ♀ [세르비예따] 냅킨

Tips! 스페인 수돗물은 마셔도 괜찮아요. 특히 마드리드나 바르셀로나 같은 대도시에선 안심하고 드셔도 돼요. 식당에서는 무료로 'una jarra de agua(물병 하나)'를 달라고 하거나, 유료 생수를 고를 수도 있어요. 취향대로 골라 보세요!

메인요리 즐기기

SCAN ME!

우리말 뜻을 보고 알맞은 단어를 스페인어로 써 보자!

1	수저	2	접시
3	칼, 나이프	4	잔
5	포크	6	물 주전자, 물병
7	숟가락	8	냅킨

빈칸에 알맞은 단어를 스페인어로 써 보자!

1 Este ______________ no corta bien.
에스떼 꾸치요 노 꼬르따 비엔
이 칼은 잘 안 잘려요.

2 Cuidado, el ______________ está caliente.
꾸이다도 엘 쁠라또 에스따 깔리엔떼
접시가 뜨거우니 조심하세요.

3 Si no van a beber vino, ¿les retiro las ______________?
시 노 반 아 베베르 비노 레스 레띠로 라스 꼬빠스
와인 안 드시면 잔을 치워드릴까요?

4 Una ______________ de agua, por favor.
우나 하라 데 아구아 뽀르 파보르
물병 하나 주세요.

정답은 요리즐기기 정답 170p에서 확인!

5분 휴식

디저트

학습을 마친 후, 얼마나 이해했는지 다시 한번 체크해 보세요!

	그렇다	보통이다	모르겠다
‘Panadería’와 ‘Pescadería’의 의미를 구분할 수 있다.	☐	☐	☐
‘슈퍼마켓’과 ‘레스토랑’의 철자를 틀리지 않고 적을 수 있다.	☐	☐	☐
‘Menú del día’의 장점을 설명할 수 있다.	☐	☐	☐
‘Por favor’를 활용해서 점원에게 계산서를 요청할 수 있다.	☐	☐	☐
식기류 관련 단어를 3개 이상 말할 수 있다.	☐	☐	☐
점원에게 칼이 잘 안 잘린다고 말할 수 있다.	☐	☐	☐

* 스코어 계산법 :
그렇다=3점, 보통이다=2점, 모르겠다=1점

나의 합계 스코어는 ______ 점

☑ 셀프진단

» **14점 이상 ★★★**
정말 훌륭합니다! ‘메인 요리1~3’을 입으로 뱉어 본 후 바로 학습을 종료해 주세요.

» **9~13점 ★★**
거의 다 왔습니다! 약한 부분만 시간에 맞춰 다시 학습한 후 학습을 종료해 주세요.

» **9점 미만 ★**
괜찮아요! 다시 한번 차근차근 ‘메인 요리1~3’을 학습해 봅시다!

원어민 음성듣기

Día 7

"맛있는 스트라이크였어요"

오늘의 후루룩 코스

에피타이저 · 메인요리1~3 · 디저트

Día 7 학습을 모두 마치면

스페인의 다양한 여가 활동 관련
어휘를 배울 수 있어요!

후루룩 학습법

▸ 25분 학습 ◂ + ▸ 5분 휴식 ◂ = "1일 1후루룩 했다!"

1분 워밍업

- **에피타이저** 학습 전 셀프 체크하기

24분 집중

- **메인요리1** 다양한 여가 활동1
- **요리 즐기기** 어휘 퀴즈
- **메인요리2** 다양한 여가 활동2
- **요리 즐기기** 어휘 퀴즈
- **메인요리3** 스페인 전통 춤
- **요리 즐기기** 어휘 퀴즈

5분 휴식

- **디저트** 학습 후 다시 한번 셀프 진단하기

에피타이저

1분

학습을 시작하기 전, 내가 얼마나 알고 있는지 셀프 체크를 해 봅시다.

	YES	NO
★ '극장'을 스페인어로 알고 있다.	☐	☐
★ '오락실'을 스페인어로 알고 있다.	☐	☐
★ 스페인어권 나라마다 '팝콘'을 부르는 명칭이 다른 것을 알고 있다.	☐	☐
★ 상대에게 롤러코스터가 무섭다고 말할 수 있다.	☐	☐
★ '세비야나스'라는 춤에 대해 들어 본 적이 있다.	☐	☐
★ '얼쑤!'라는 추임새를 스페인어로 말할 수 있다.	☐	☐

☑ 셀프진단

» Yes가 4개 이상일 경우
'메인요리1~3'을 빠르게 확인 후 '메인요리 즐기기'에 도전해 보세요!

» Yes가 4개 이하일 경우
'메인요리1~3'을 집중해서 확인 후 '메인요리 즐기기'에 도전해 보세요!

메인요리 ❶

8분

라라와 함께 다양한 여가 활동 즐겨 볼까요?

Hururuk_Lara •••

Hururuk_Lara 스피드를 즐겨 볼까요? #나는넘버원 #바람을가르는라라

후루룩 단어 체크하기

- **Parque de atracciones** ♂ [빠르께 데 아뜨락시오네스] 유원지, 놀이공원
- **Bolera** ♀ [볼레라] 볼링장
- **Teatro** ♂ [떼아뜨로] 극장
- **Recreativos** ♂ [레끄레아띠보스] 오락실
- **Cine** ♂ [시네] 영화관
- **Circuito de karts** ♂ [시르꾸이또 데 까르뜨스] 카트장
- **Tablao** ♂ [따블라오] 플라멩코 무대
- **Pista de hielo** ♀ [삐스따 데 이엘로] 스케이트장, 아이스링크

Tips! 스페인 영화관에서는 영화가 보통 더빙되어 나와요. 하지만 자막이 있는 오리지널 버전을 상영하는 극장도 있어요! 영화 제목 옆에 'VOS'라고 쓰여 있으면 자막 있는 원어 버전이라는 뜻이니, 원어로 보고 싶다면 그걸 골라 보세요!

메인요리 즐기기

SCAN ME!

우리말 뜻을 보고 알맞은 단어를 스페인어로 써 보자!

1	유원지, 놀이공원	2	볼링장
3	극장	4	오락실
5	영화관	6	카트장
7	플라멩코 무대	8	스케이트장, 아이스링크

빈칸에 알맞은 단어를 스페인어로 써 보자!

1. ¿Quieres ir al ______ ______ ______?
   끼에레스 이르 알 빠르께 데 아뜨락시오네스
   놀이공원에 가고 싶어요?

2. En Navidad hay muchas ______ ______ ______.
   엔 나비닫 아이 무차스 삐스따스 데 이엘로
   크리스마스에는 아이스링크가 많이 열립니다.

3. ¿Hay una ______ en este centro comercial?
   아이 우나 볼레라 엔 에스떼 센뜨로 꼬메르시알
   이 쇼핑몰에 볼링장이 있나요?

4. ¡Si te gustan los coches, vamos al ______ ______ ______!
   시 떼 구스딴 로스 꼬체스 바모스 알 시르꾸이또 데 까르뜨스
   자동차를 좋아하면 같이 카트장에 가요!

정답은 요리즐기기 정답 171p에서 확인!

메인요리 ❷

8분

라라와 함께 다양한 여가 활동 즐겨 볼까요?

Hururuk_Lara

Hururuk_Lara 오랜만에 놀자! #놀이공원

후루룩 단어 체크하기

- Montaña rusa ♀ [몬따냐 루사] 롤러코스터
- Fila ♀ [필라] 극장의 열
- Noria ♀ [노리아] 관람차
- Pleno ♂ [쁠레노] 스트라이크
- Palomitas ♀ [빨로미따스] 팝콘
- Pista ♀ [삐스따] 경기장, 트랙
- Butacas ♀ [부따까스] 좌석
- Patines ♂ [빠띠네스] 스케이트

Tips! 팝콘도 스페인어권 나라마다 이름이 달라요! 스페인에선 'palomitas[빨로미따스]', 아르헨티나에선 'pochoclo[뽀초끌로]', 베네수엘라에선 'cotufas[꼬뚜파스]', 멕시코에선 'crispetas[끄리스뻬따스]'라고 한답니다. 언어는 같은데 부르는 이름이 다른 점이 흥미롭지요?

메인요리 즐기기

SCAN ME!

우리말 뜻을 보고 알맞은 단어를 스페인어로 써 보자!

1	롤러코스터	2	극장의 열
3	관람차	4	스트라이크
5	팝콘	6	경기장, 트랙
7	좌석	8	스케이트

빈칸에 알맞은 단어를 스페인어로 써 보자!

1 Me da miedo la ______ ______.
메 다 미에도 라 몬따냐 루사
롤러코스터가 무서워요.

2 ¡Menudo ______!
메누도 뽈레노
멋있는 스트라이크였어요!

3 ¿Quieres comprar ______?
끼에레스 꼼쁘라르 빨로미따스
팝콘 사고 싶어요?

4 Hay que esperar mucho para la ______.
아이 께 에스뻬라르 무초 빠라 라 노리아
관람차를 타려면 오래 기다려야 해요.

정답은 요리즐기기 정답 171p에서 확인!

메인요리 ❸

8분

라라와 함께 스페인 전통 춤 살펴볼까요?

Hururuk_Lara

Hururuk_Lara 열정의 나라 열정의 춤 #올레 #춤에진심인편

후루룩 단어 체크하기

- **Sevillanas** ♀ [세비야나스]
  세비야의 전통 춤
- **Cantaor** ♂ [깐따오르]
  플라멩코 가수
- **Flamenco** ♂ [플라멘꼬]
  플라멩코
- **Bailaor** ♂ [바이라오르]
  플라멩코 무용수
- **Guitarra** ♀ [기따라]
  기타
- **Bata de cola** ♀ [바따 데 꼴라]
  플라멩코 드레스
- **Zapatear** [사빠떼아르]
  v 발로 장단을 맞추다
- **¡Olé!** [올레]
  int 얼쑤!

Tips! 스페인에는 지역마다 전통 춤과 의상이 다 달라요. 플라멩코는 안달루시아의 대표 춤이지만, 스페인 전역에 있는 'tablao(플라멩코 공연 레스토랑)'에서도 쉽게 볼 수 있답니다. 진짜 멋지니 여행 중에 꼭 한 번 감상해 보세요!

메인요리 즐기기

SCAN ME!

우리말 뜻을 보고 알맞은 단어를 스페인어로 써 보자!

1	세비야의 전통 춤	2	플라멩코 가수
3	플라멩코	4	플라멩코 무용수
5	기타	6	플라멩코 드레스
7	발로 장단을 맞추다	8	얼쑤!

빈칸에 알맞은 단어를 스페인어로 써 보자!

1. Tocar la ________ española es muy difícil.
또까르 라 기따라 에스빠뇰라 에스 무이 디피씰
스페인 기타를 연주하는 것은 매우 어려워요.

2. Esa ________ ________ ________ pesa más de 7kg .
에사 바따 데 꼴라 뻬사 마스 떼 시에떼낄로스
저 바따 데 꼴라의 무게는 7kg이 넘어요.

3. Cuando era pequeña aprendí a bailar ________ ?
꾸안도 에라 뻬께냐 아쁘렌디 아 바일라르 세비야나스
어렸을 때 세비야나 춤을 배웠어요.

4. Ese ________ tiene mucho arte.
에세 깐따오르 띠에네 무초 아르떼
그 플라멩코 가수는 예술성을 많이 갖고 있어요.

정답은 요리즐기기 정답 171p에서 확인!

디저트

5분 휴식

학습을 마친 후, 얼마나 이해했는지 다시 한번 체크해 보세요!

	그렇다	보통이다	모르겠다
여가 시설 관련 단어를 3개 이상 말할 수 있다.	☐	☐	☐
직원에게 쇼핑몰 내에 볼링장이 있는지 물어 볼 수 있다.	☐	☐	☐
'Palomitas'와 'Crispetas'의 차이를 설명할 수 있다.	☐	☐	☐
'Fila'와 'Butacas'가 어떤 장소에서 쓰이는 단어인지 알고 있다.	☐	☐	☐
'Tablao'가 무엇인지 설명할 수 있다.	☐	☐	☐
'Flamenco'가 어느 지역의 춤인지 알고 있다.	☐	☐	☐

* 스코어 계산법 :
그렇다=3점, 보통이다=2점, 모르겠다=1점

나의 합계 스코어는 ______ 점

☑ 셀프진단

» 14점 이상 ★★★

정말 훌륭합니다! '메인 요리1~3'을 입으로 뱉어 본 후 바로 학습을 종료해 주세요.

» 9~13점 ★★

거의 다 왔습니다! 약한 부분만 시간에 맞춰 다시 학습한 후 학습을 종료해 주세요.

» 9점 미만 ★

괜찮아요! 다시 한번 차근차근 '메인 요리1~3'을 학습해 봅시다!

여행스페인어

**"Cada palabra nueva es una llave.
Con cada una, abres una puerta a
un nuevo universo.
No te detengas, el viaje apenas
comienza."**

새로운 단어 하나는 하나의 열쇠야.
그 열쇠로 너는 새로운 세상의 문을 열 수 있어.
멈추지 마, 여정은 이제 막 시작됐어.

Día 1

"초대해 주셔서 감사해요"

원어민 음성듣기

오늘의 후루룩 코스

- 에피타이저
- 메인요리1~3
- 디저트

Día 1 학습을 모두 마치면

기본적인 스페인어 인사와 상대에게
나를 소개할 수 있어요!

후루룩 학습법

▸ 25분 학습 ◂

▸ 5분 휴식 ◂

"1일 1후루룩 했다!"

1분 워밍업

- **에피타이저** 학습 전 셀프 체크하기

24분 집중

- **메인요리1** 기본 인사 표현
- **요리 즐기기** 네이티브 회화 연습
- **메인요리2** 자기소개 표현
- **요리 즐기기** 네이티브 회화 연습
- **메인요리3** 감사 & 사과 표현
- **요리 즐기기** 네이티브 회화 연습

5분 휴식

- **디저트** 학습 후 다시 한번 셀프 진단하기

에피타이저

1분

학습을 시작하기 전, 내가 얼마나 알고 있는지 셀프 체크를 해 봅시다.

	YES	NO
★ 사람을 만났을 때 하는 인사말을 알고 있다.	☐	☐
★ 헤어질 때 하는 인사말을 알고 있다.	☐	☐
★ 이름을 소개할 수 있다.	☐	☐
★ 출신지를 소개할 수 있다.	☐	☐
★ 감사 인사를 건넬 수 있다.	☐	☐
★ 사과 인사를 건넬 수 있다.	☐	☐

☑ 셀프진단

» Yes가 4개 이상일 경우
'메인요리1~3'을 빠르게 확인 후 '메인요리 즐기기'에 도전해 보세요!

» Yes가 4개 이하일 경우
'메인요리1~3'을 집중해서 확인 후 '메인요리 즐기기'에 도전해 보세요!

메인요리 ❶

8분

기본적인 인사가 쉬워지는 미라클 여행 표현 알아보자!

학습 Check ☐☐

| 표현 1 | 안녕하세요.

Hola [올라]

올라 꼬모 에스따스
- Hola, ¿cómo estás?
  안녕하세요, 잘 지내세요?

올라 무초 구스또
- Hola, mucho gusto.
  안녕하세요, 반갑습니다.

올라 비엔베니도스 아 에스빠냐
- Hola, bienvenidos a España.
  안녕하세요, 스페인에 오신 걸 환영합니다.

학습 Check ☐☐

| 표현 2 | 안녕히 가세요. / 안녕히 계세요.

Adiós [아디오스]

아디오스 아스따 라 쁘록시마
- Adiós, hasta la próxima.
  안녕히 가세요, 다음에 또 봐요.

아디오스 께 뗀가스 운 부엔 디아
- Adiós, que tengas un buen día.
  안녕히 계세요, 좋은 하루 보내세요.

아디오스 노스 베모스 마냐나
- Adiós, nos vemos mañana.
  안녕히 가세요, 내일 봐요.

메인요리 즐기기

SCAN ME!

네이티브의 대화를 듣고 소리내어 따라 읽어 봅시다!

Marc

안녕하세요, 잘 지내세요?

올라 께 딸
Hola, ¿qué tal?

Lara

안녕하세요, 잘 지내요. 당신은요?

올라 무이 비엔 이 뚜
Hola, muy bien. ¿Y tú?

Marc

저도요. 만나서 반갑습니다.

요 땀비엔 엔깐따도 데 꼬노세르떼
Yo también. Encantado de conocerte.

Lara

저도요.

이구알멘떼
Igualmente.

Tips! 일부 스페인어권 나라에서는 악수를 하지만, 어떤 지역에서는 볼에 가볍게 인사 키스를 하는 경우도 있어요. 상황에 맞게 인사해 보세요!

메인요리 ❷

8분

자기소개가 쉬워지는 미라클 여행 표현 알아보자!

학습 Check ☐☐

| 표현 1 | ~이름은 ~입니다.

Llamar [야마르]

꼬모 떼 야마스
- ¿Cómo te llamas?

이름이 뭐예요?

메 야모 아나
- Me llamo Ana.

제 이름은 아나입니다.

메 야모 후안 이 뚜
- Me llamo Juan, ¿y tú?

제 이름은 후안입니다. 당신은요?

학습 Check ☐☐

| 표현 2 | ~출신이에요. / ~에서 왔어요.

Ser (de) [세르 데]

소이 데 꼬레아 델 수르
- Soy de Corea del Sur.

저는 대한민국 출신이에요.

소이 에스빠뇰라 뻬로 비보 엔 세울
- Soy española, pero vivo en Seúl.

저는 스페인 출신인데, 서울에 살고 있어요.

데 돈데 에레스
- ¿De dónde eres?

어디 출신이에요?

메인요리 즐기기

SCAN ME!

네이티브의 대화를 듣고 소리내어 따라 읽어 봅시다!

Juan

안녕하세요! 이름이 어떻게 되세요?

올라 꼬모 떼 야마스
¡Hola! ¿Cómo te llamas?

Lara

안녕하세요! 저는 라라라고 합니다.

올라 메 야모 라라
¡Hola! Me llamo Lara.

Juan

만나서 반갑습니다, 라라 씨! 어느 나라에서 오셨어요?

무초 구스또 라라 데 돈데 에레스
¡Mucho gusto, Lara! ¿De dónde eres?

Lara

저는 한국에서 왔어요. 그쪽은요?

소이 데 꼬레아 이 뚜
Soy de Corea. ¿Y tú?

Tips! 일부 스페인어권 국가에서는 아버지 성이 먼저 오고 어머니 성이 뒤에 와요. 하지만 일상에서는 보통 첫 번째 성만 사용된답니다.

메인요리 ❸

8분

감사와 사과 인사가 쉬워지는 미라클 여행 표현 알아보자!

학습 Check ▢▢

| 표현 1 | 감사합니다.

Gracias [그라시아스]

- 무차스 그라시아스
  Muchas gracias.
  너무 감사합니다.

- 그라시아스 뽀르 수 아유다
  Gracias por su ayuda.
  도와주셔서 감사합니다.

- 그라시아스 뽀르 인비따르메
  Gracias por invitarme.
  초대해 주셔서 감사합니다.

학습 Check ▢▢

| 표현 2 | 죄송합니다. / 미안합니다.

(Lo) siento [로 시엔또]

- 시엔또 예가르 따르데
  Siento llegar tarde.
  늦어서 죄송합니다.

- 로 시엔또 무초
  Lo siento mucho.
  너무 미안해요.

- 로 시엔또 디스꿀뻬
  Lo siento, disculpe.
  죄송합니다, 실례하겠습니다.

메인요리 즐기기

SCAN ME!

네이티브의 대화를 듣고 소리내어 따라 읽어 봅시다!

Lara

너무 늦어서 미안해요.

시엔또 예가르 딴 따르데
Siento llegar tan tarde.

Pablo

괜찮아요. 너무 늦진 않았어요.

노 빠사 나다 노 예가스떼 딴 따르데
No pasa nada. No llegaste tan tarde.

Lara

기다려 주셔서 감사해요.

그라시아스 뽀르 에스뻬라르메
Gracias por esperarme.

Pablo

당연하죠! 문제없어요.

뿌에스 끌라로 노 아이 쁘로블레마
¡Pues claro! No hay problema.

Tips! 스페인어에서 'Muchas gracias(정말 고맙습니다)'는 종종 감사를 표현하는 데 사용됩니다. 더 구체적으로 표현하고 싶다면 'Gracias por~(~해 주셔서 감사합니다)' 형식을 사용할 수 있어요!

디저트

5분 휴식

학습을 마친 후, 얼마나 이해했는지 다시 한번 체크해 보세요!

	그렇다	보통이다	모르겠다
‘Hola’를 활용해서 반갑다는 인사를 건넬 수 있다.	☐	☐	☐
상대에게 내일 만나자는 인사를 건넬 수 있다.	☐	☐	☐
상대에게 ‘Llamar’로 이름을 말할 수 있다.	☐	☐	☐
‘¿De dónde eres?’라는 질문에 답변할 수 있다.	☐	☐	☐
‘정말 고맙습니다’라는 문장을 만들 수 있다.	☐	☐	☐
‘Gracias por~’를 활용한 문장을 만들 수 있다.	☐	☐	☐

* 스코어 계산법 :
그렇다=3점, 보통이다=2점, 모르겠다=1점

나의 합계 스코어는 ______ 점

☑ 셀프진단

» **14점 이상 ★★★**
정말 훌륭합니다! ‘메인 요리1~3’을 입으로 뱉어 본 후 바로 학습을 종료해 주세요.

» **9~13점 ★★**
거의 다 왔습니다! 약한 부분만 시간에 맞춰 다시 학습한 후 학습을 종료해 주세요.

» **9점 미만 ★**
괜찮아요! 다시 한번 차근차근 ‘메인 요리1~3’을 학습해 봅시다!

원어민 음성듣기

Día 2

"바르셀로나까지 요금이 얼마예요?"

오늘의 후루룩 코스

- 에피타이저
- 메인요리1~3
- 디저트

Día 2 학습을 모두 마치면

스페인 현지에서 길을 찾고
대중교통을 이용할 수 있어요!

후루룩 학습법

▸ 25분 학습 ◂ + ▸ 5분 휴식 ◂ = "1일 1후루룩 했다!"

1분 워밍업

에피타이저	학습 전 셀프 체크하기

24분 집중

메인요리1	길 묻기 표현
요리 즐기기	네이티브 회화 연습
메인요리2	티켓 구매 표현
요리 즐기기	네이티브 회화 연습
메인요리3	버스 & 택시 표현
요리 즐기기	네이티브 회화 연습

5분 휴식

디저트	학습 후 다시 한번 셀프 진단하기

에피타이저

1분

학습을 시작하기 전, 내가 얼마나 알고 있는지 셀프 체크를 해 봅시다.

	YES	NO
★ 위치, 장소를 물을 수 있다.	☐	☐
★ 목적지까지 가는 방법을 물을 수 있다.	☐	☐
★ 직원에게 티켓을 달라고 할 수 있다.	☐	☐
★ 직원에게 요금을 물어 볼 수 있다.	☐	☐
★ '버스 정류장'을 스페인어로 알고 있다.	☐	☐
★ '택시'를 스페인어로 알고 있다.	☐	☐

☑ 셀프진단

» Yes가 4개 이상일 경우
'메인요리1~3'을 빠르게 확인 후 '메인요리 즐기기'에 도전해 보세요!

» Yes가 4개 이하일 경우
'메인요리1~3'을 집중해서 확인 후 '메인요리 즐기기'에 도전해 보세요!

메인요리 ❶

8분

길 묻기가 쉬워지는 미라클 여행 표현 알아보자!

학습 Check ☐☐

| 표현 1 | ~은 어디에 있나요?

¿Dónde está~? [돈데 에스따]

돈데 에스따 엘 바뇨
- ¿Dónde está el baño?

  화장실은 어디에 있나요?

돈데 에스따 라 에스따시온 데 메뜨로
- ¿Dónde está la estación de metro?

  지하철역은 어디에 있나요?

돈데 에스따 라 파르마시아 마스 세르까나
- ¿Dónde está la farmacia más cercana?

  가장 가까운 약국은 어디에 있나요?

학습 Check ☐☐

| 표현 2 | ~에 어떻게 가나요?

¿Cómo llego a~? [꼬모 예고 아]

꼬모 예고 알 아에로뿌에르또
- ¿Cómo llego al aeropuerto?

  공항에 어떻게 가나요?

꼬모 예고 아 라 쁠라사 마요르
- ¿Cómo llego a la Plaza Mayor?

  마요르 광장에 어떻게 가나요?

꼬모 예고 아 라 에스따시온 데 뜨렌
- ¿Cómo llego a la estación de tren?

  기차역에 어떻게 가나요?

메인요리 즐기기

SCAN ME!

네이티브의 대화를 듣고 소리내어 따라 읽어 봅시다!

Lara

실례합니다, 지하철역은 어디에 있나요?

디스꿀뻬 돈데 에스따 라 에스따시온 데 메뜨로
Disculpe, ¿dónde está la estación de metro?

Pedro

5분 정도 거리에 있어요.

에스따 아 우노스 신꼬 미누또스
Está a unos cinco minutos.

Lara

감사합니다! 걸어서 어떻게 갈 수 있나요?

그라시아스 꼬모 예고 까미난도
¡Gracias! ¿Cómo llego caminando?

Pedro

이 길을 따라가시면 오른쪽에 있어요.

씨가 에스따 까예 이 에스따 아 라 데레차
Siga esta calle y está a la derecha.

Tips! 스페인과 라틴아메리카에서는 방향을 설명할 때 손짓을 많이 사용해요. 길을 물어볼 때 말뿐만 아니라 몸짓도 잘 살펴 보세요!

메인요리 ❷

8분

티켓 구매가 쉬워지는 미라클 여행 표현 알아보자!

학습 Check

| 표현 1 | ~행 티켓 한 장

Un billete [운 비예떼]

- 끼시에라 운 비예떼 빠라 마드리드 뽀르 파보르
  Quisiera un billete para Madrid, por favor.
  마드리드행 티켓 한 장 주세요.

- 메 다 운 비예떼 데 이다 이 부엘따
  ¿Me da un billete de ida y vuelta?
  왕복 티켓 한 장 주시겠어요?

- 돈데 꼼쁘로 운 비예떼 데 메뜨로
  ¿Dónde compro un billete de metro?
  지하철 티켓은 어디서 구매하나요?

학습 Check

| 표현 2 | ~은 얼마인가요?

¿Cuánto cuesta~? [꾸안또 꾸에스따]

- 꾸안또 꾸에스따 운 비예떼 센시요
  ¿Cuánto cuesta un billete sencillo?
  편도 티켓은 얼마인가요?

- 꾸안또 꾸에스따 엘 비아헤 아 바르셀로나
  ¿Cuánto cuesta el viaje a Barcelona?
  바르셀로나까지 요금은 얼마인가요?

- 꾸안또 꾸에스따 운 비예떼 데 뜨렌
  ¿Cuánto cuesta un billete de tren?
  기차 요금은 얼마인가요?

메인요리 즐기기

SCAN ME!

네이티브의 대화를 듣고 소리내어 따라 읽어 봅시다!

Lara

실례합니다, 지하철 티켓은 어디에서 살 수 있나요?

디스꿀뻬 돈데 꼼쁘로 운 비예떼 데
Disculpe, ¿dónde compro un billete de
메뜨로
metro?

Taquiller(매표소 직원)

자동판매기에서 구매하실 수 있어요.

뿌에데 꼼쁘랄로 엔 라 마끼나 엑스펜데도라
Puede comprarlo en la máquina expendedora.

Lara

편도 티켓은 얼마인가요?

꾸안또 꾸에스따 운 비예떼 센시요
¿Cuánto cuesta un billete sencillo?

Taquiller(매표소 직원)

1,50유로입니다.

꾸에스따 우노 꼬마 신꼬 에우로스
Cuesta 1,50 euros.

Tips! 스페인에서는 자동판매기에서 표를 살 때 현금뿐만 아니라 카드도 사용할 수 있는 경우가 많아요. 하지만 작은 역에서는 현금만 받는 곳도 있으니 미리 확인하시는 게 좋답니다!

메인요리 ❸

8분

버스와 택시 타기가 쉬워지는 미라클 여행 표현 알아보자!

학습 Check ☐☐

| 표현 1 | 버스 정류장 / 버스

Parada de autobús / autobús [빠라다 데 아우또부스 / 아우또부스]

돈데 에스따 라 빠라다 데 아우또부스
- ¿Dónde está la parada de autobús?
  버스 정류장이 어디예요?

에스떼 아우또부스 바 알 센뜨로
- ¿Este autobús va al centro?
  이 버스가 시내로 가는 버스인가요?

돈데 세 또마 엘 아우또부스 누메로 신꼬
- ¿Dónde se toma el autobús número 5?
  5번 버스는 어디서 타나요?

학습 Check ☐☐

| 표현 2 | 택시

Taxi [딱시]

네세시또 운 딱시 빠라 꾸아뜨로 뻬르소나스
- Necesito un taxi para cuatro personas.
  네 명이 탈 택시가 필요해요.

꼬모 뿌에도 뻬디르 운 딱시
- ¿Cómo puedo pedir un taxi?
  택시를 어떻게 부를 수 있나요?

꾸안또 꾸에스따 운 딱시 아스따 그란 비아
- ¿Cuánto cuesta un taxi hasta Gran Vía?
  그란비아까지 택시를 타면 얼마인가요?

메인요리 즐기기

SCAN ME!

네이티브의 대화를 듣고 소리내어 따라 읽어 봅시다!

Lara

실례합니다, 버스 정류장이 어디예요?

디스꿀뻬 돈데 에스따 라 빠라다 데 아우또부스
Disculpe, ¿dónde está la parada de autobús?

Carolina

저기 모퉁이를 돌면 바로 보일 거예요.

도블레 라 에스끼나 이 라 베라 엔세귀다
Doble la esquina y la verá enseguida.

Lara

감사합니다! 이 버스가 시내로 가는 버스인가요?

그라시아스 에스떼 아우또부스 바 알 센뜨로
¡Gracias! ¿Este autobús va al centro?

Carolina

아니요, 시내로 가려면 10번 버스를 타야 해요.

노 빠라 이르 알 센뜨로 데베 또마르 엘 아우또부스 누메로 디에스
No, para ir al centro debe tomar el autobús número 10.

Tips!
- 마드리드에서는 버스에서 내릴 때 버튼을 눌러야 하지만, 한국과 달리 내릴 때 티켓을 태그할 필요가 없어요.
- 'Gran Vía(그란 비아)'는 극장, 쇼핑몰, 레스토랑 등이 줄지어 있는 마드리드 대표 거리랍니다.

5분 휴식

디저트

학습을 마친 후, 얼마나 이해했는지 다시 한번 체크해 보세요!

	그렇다	보통이다	모르겠다
‘¿Dónde está~?’로 화장실 위치를 물어 볼 수 있다.	☐	☐	☐
‘¿Cómo llego a~?’로 목적지까지 가는 방법을 물어 볼 수 있다.	☐	☐	☐
‘Un billete’로 마드리드행 티켓을 요청할 수 있다.	☐	☐	☐
‘¿Cuánto cuesta~?’로 편도 요금을 물어 볼 수 있다.	☐	☐	☐
상대에게 버스 정류장의 위치를 물어 볼 수 있다.	☐	☐	☐
상대에게 택시 부르는 방법을 물어 볼 수 있다.	☐	☐	☐

* 스코어 계산법 :
그렇다=3점, 보통이다=2점, 모르겠다=1점

나의 합계 스코어는 ______ 점

☑ 셀프진단

» **14점 이상 ★★★**
정말 훌륭합니다! ‘메인 요리1~3’을 입으로 뱉어 본 후 바로 학습을 종료해 주세요.

» **9~13점 ★★**
거의 다 왔습니다! 약한 부분만 시간에 맞춰 다시 학습한 후 학습을 종료해 주세요.

» **9점 미만 ★**
괜찮아요! 다시 한번 차근차근 ‘메인 요리1~3’을 학습해 봅시다!

원어민 음성듣기

Día 3

“빠에야 하나 주세요”

오늘의 후루룩 코스

- 에피타이저
- 메인요리1~3
- 디저트

Día 3 학습을 모두 마치면

식당에서 음식을 주문하고
여러 요청을 할 수 있어요!

후루룩 학습법

▸ 25분 학습 ◂ + ▸ 5분 휴식 ◂ = "1일 1후루룩 했다!"

1분 워밍업

- **에피타이저** 학습 전 셀프 체크하기

24분 집중

- **메인요리1** 음식 주문 표현1
- **요리 즐기기** 네이티브 회화 연습
- **메인요리2** 음식 주문 표현2
- **요리 즐기기** 네이티브 회화 연습
- **메인요리3** 음식 관련 요청 표현
- **요리 즐기기** 네이티브 회화 연습

5분 휴식

- **디저트** 학습 후 다시 한번 셀프 진단하기

에피타이저

1분

학습을 시작하기 전, 내가 얼마나 알고 있는지 셀프 체크를 해 봅시다.

	YES	NO
★ 식당에서 음식 주문을 할 수 있다.	☐	☐
★ 식당에서 주문을 받는 점원의 말을 이해할 수 있다.	☐	☐
★ 점원에게 '오늘의 메뉴'를 물어 볼 수 있다.	☐	☐
★ 점원에게 메뉴를 추천받을 수 있다.	☐	☐
★ 점원에게 요리와 관련된 디테일한 요청을 할 수 있다.	☐	☐
★ 점원에게 빵을 더 달라고 말할 수 있다.	☐	☐

☑ 셀프진단

» Yes가 4개 이상일 경우
'메인요리1~3'을 빠르게 확인 후 '메인요리 즐기기'에 도전해 보세요!

» Yes가 4개 이하일 경우
'메인요리1~3'을 집중해서 확인 후 '메인요리 즐기기'에 도전해 보세요!

메인요리 ❶

8분

음식 주문이 쉬워지는 미라클 여행 표현 알아보자!

학습 Check ☐☐

| 표현 1 | ~을 원해요. / ~을 주세요.

Quisiera~ / me pone~ [끼시에라 / 메 뽀네]

끼시에라 우나 빠에야
- Quisiera una paella.

빠에야 하나 주세요.

끼시에라 우나 엔살라다 신 세보야
- Quisiera una ensalada sin cebolla.

양파 없는 샐러드를 원해요.

메 뽀네 운 까페 꼰 레체 뽀르 파보르
- ¿Me pone un café con leche, por favor?

라떼 한 잔 주시겠어요?

학습 Check ☐☐

| 표현 2 | 무엇을 ~하시겠어요?

¿Qué va(n) a~? [께 바 아]

께 반 아 뻬디르 데 뽀스뜨레
- ¿Qué van a pedir de postre?

디저트로 무엇을 주문하시겠어요?

께 반 아 또마르
- ¿Qué van a tomar?

무엇을 주문하시겠어요?

께 반 아 베베르
- ¿Qué van a beber?

어떤 음료를 드시겠어요?

메인요리 즐기기

SCAN ME!

네이티브의 대화를 듣고 소리내어 따라 읽어 봅시다!

Camarero(웨이터)

무엇을 드시겠어요?

께 반 아 또마르
¿Qué van a tomar?

Lara

빠에야 하나 주세요.

끼시에라 우나 빠에야 뽀르 파보르
Quisiera una paella, por favor.

Camarero(웨이터)

음료는요?

이 빠라 베베르
¿Y para beber?

Lara

라떼 하나 주세요.

메 뽀네 운 까페 꼰 레체 뽀르 파보르
Me pone un café con leche, por favor.

Tips! 스페인 일부 식당이나 바에서는 종업원을 '¡jefe!(헤페)'라고 부르기도 해요. 친근한 표현일 뿐, 실제 사장님이라는 뜻은 아니에요!

메인요리 ❷

8분

음식 주문이 쉬워지는 미라클 여행 표현 알아보자!

학습 Check ☐☐

| 표현 1 | 메뉴

Menú / carta [메누 / 까르따]

띠에넨 메누 델 디아
- ¿Tienen menú del día?

  오늘의 메뉴가 있나요?

끼에렌 베르 엘 메누
- ¿Quieren ver el menú?

  메뉴를 보시겠어요?

레스 뜨라이고 라 까르따 데 뽀스뜨레스
- ¿Les traigo la carta de postres?

  디저트 메뉴를 가져다 드릴까요?

학습 Check ☐☐

| 표현 2 | 추천할 만한 ~이 있나요?

¿Qué me recomienda~? [께 메 레꼬미엔다]

께 메 레꼬미엔다 데 라 까사
- ¿Qué me recomienda de la casa?

  이 식당의 추천 메뉴가 뭐예요?

께 비노 메 레꼬미엔다
- ¿Qué vino me recomienda?

  추천할 만한 와인이 있나요?

께 메 레꼬미엔다 데 뽀스뜨레
- ¿Qué me recomienda de postre?

  추천할 만한 디저트가 있나요?

메인요리 즐기기

SCAN ME!

네이티브의 대화를 듣고 소리내어 따라 읽어 봅시다!

Lara

안녕하세요, 오늘의 메뉴가 있나요?

올라 띠에넨 메누 델 디아
¡Hola!, ¿tienen menú del día?

Camarero(웨이터)

네, 오늘은 해산물 빠에야와 샐러드가 포함돼 있어요.

시 오이 인끌루예 빠에야 데 마리스꼬스 이 엔살라다
Sí, hoy incluye paella de mariscos y ensalada.

Lara

디저트 중에 추천할 만한 게 있나요?

께 메 레꼬미엔다 데 뽀스뜨레
¿Qué me recomienda de postre?

Camarero(웨이터)

저희 수제 크레마 카탈라나가 인기가 많아요.

누에스트라 끄레마 까딸라나 까세라 에스 무이 뽀뿔라르
Nuestra crema catalana casera es muy popular.

Tips! '세트 메뉴'를 뜻하는 스페인의 'Menu del día(메뉴 델 디아)'는 일반적으로 단품보다 훨씬 저렴해요. 보통 전식, 본식, 디저트에 빵, 물, 커피나 작은 술까지 포함되어 있어요. 가성비 최고의 한 끼예요!

메인요리 ❸

8분

음식 관련 요청이 쉬워지는 미라클 여행 표현 알아보자!

학습 Check ☐☐

| 표현 1 | ~없이 주세요.

Sin~, por favor [신 뽀르 파보르]

에스 뽀시블레 아세르로 신 삐깐떼 뽀르 파보르
- ¿Es posible hacerlo sin picante, por favor?
  맵지 않게 해 주실 수 있나요?

띠에넨 아구아 신 이엘로 뽀르 파보르
- ¿Tienen agua sin hielo, por favor?
  얼음 없는 물 주실 수 있나요?

뗀고 알레르히아 알 마리스꼬 뿌에덴 뜨라에르 에스떼 쁠라또 신 감바스 뽀르 파보르
- Tengo alergia al marisco, ¿pueden traer este plato sin gambas, por favor?
  저는 해산물 알레르기가 있는데, 이 요리를 새우 없이 가져다 주실 수 있나요?

학습 Check ☐☐

| 표현 2 | (저에게) ~주시겠어요?

¿Me trae~? /me puede dar~? [메 뜨라에 / 메 뿌에데 다르]

메 뜨라에 마스 빤 뽀르 파보르
- ¿Me trae más pan, por favor?
  빵을 더 가져다 주시겠어요?

노스 뜨라에 라 꾸엔따 뽀르 파보르
- ¿Nos trae la cuenta, por favor?
  (저희에게) 계산서 좀 가져다 주시겠어요?

세 메 아 까이도 엘 꾸치요 뿌에데 다르 오뜨로 뽀르 파보르
- Se me ha caído el cuchillo. ¿Me puede dar otro, por favor?
  칼을 떨어뜨렸어요. 하나 더 주실 수 있나요?

메인요리 즐기기

SCAN ME!

네이티브의 대화를 듣고 소리내어 따라 읽어 봅시다!

Lara

맵지 않게 해 주실 수 있나요?

에스 뽀시블레 아세르로 신 삐깐떼 뽀르 파보르
¿Es posible hacerlo sin picante, por favor?

Camarero(웨이터)

물론이죠. 다른 알레르기 있으세요?

끌라로 띠에네 알구나 오뜨라 알레르히아
Claro. ¿Tiene alguna otra alergia?

Lara

해산물 알레르기가 있는데, 새우는 빼서 주시겠어요?

뗑고 알레르히아 알 마리스꼬 뿌에데 뜨라에르 에스떼
Tengo alergia al marisco, ¿puede traer este
쁠라또 신 감바스 뽀르 파보르
plato sin gambas, por favor?

Camarero(웨이터)

알겠습니다. 그리고 얼음 없는 물도 원하시나요?

엔띠엔도 끼에레 땀비엔 아구아 신 이엘로
Entiendo. ¿Quiere también agua sin hielo?

Tips! 스페인 식당에서는 빵이 무료인 경우가 많아 추가로 더 달라고 할 수 있어요. 하지만 먼저 요금이 부과되지 않는지 확인하는 걸 추천해요!

5분 휴식

디저트

학습을 마친 후, 얼마나 이해했는지 다시 한번 체크해 보세요!

	그렇다	보통이다	모르겠다
‘Quisiera’로 빠에야를 주문할 수 있다.	☐	☐	☐
‘¿Qué van a tomar?’라는 점원의 말에 대답할 수 있다.	☐	☐	☐
‘Menu del día’에 대해 점원에게 물어 볼 수 있다.	☐	☐	☐
점원에게 ‘¿Qué me recomienda~?’로 디저트 메뉴를 추천받을 수 있다.	☐	☐	☐
‘Sin ~, por favor?’를 활용해서 안 매운 음식을 요청할 수 있다.	☐	☐	☐
‘¿Me trae~?’를 활용해서 빵을 추가로 받을 수 있다.	☐	☐	☐

* 스코어 계산법 :
그렇다=3점, 보통이다=2점, 모르겠다=1점

나의 합계 스코어는 ______ 점

☑ 셀프진단

» **14점 이상 ★★★**
정말 훌륭합니다! ‘메인 요리1~3’을 입으로 뱉어 본 후 바로 학습을 종료해 주세요.

» **9~13점 ★★**
거의 다 왔습니다! 약한 부분만 시간에 맞춰 다시 학습한 후 학습을 종료해 주세요.

» **9점 미만 ★**
괜찮아요! 다시 한번 차근차근 ‘메인 요리1~3’을 학습해 봅시다!

원어민 음성듣기

Día 4

"할인해 주실 수 있나요?"

오늘의 후루룩 코스

에피타이저 · 메인요리1~3 · 디저트

Día 4 학습을 모두 마치면

가격, 사이즈, 결제 방법을 물으며
쇼핑을 할 수 있어요!

후루룩 학습법

▸ 25분 학습 ◂ + ▸ 5분 휴식 ◂ = "1일 1후루룩 했다!"

1분 워밍업

- **에피타이저** 학습 전 셀프 체크하기

24분 집중

- **메인요리1** 가격 & 사이즈 문의 표현
- **요리 즐기기** 네이티브 회화 연습
- **메인요리2** 가격 흥정 표현
- **요리 즐기기** 네이티브 회화 연습
- **메인요리3** 결제 & 반품 표현
- **요리 즐기기** 네이티브 회화 연습

5분 휴식

- **디저트** 학습 후 다시 한번 셀프 진단하기

에피타이저

1분

학습을 시작하기 전, 내가 얼마나 알고 있는지 셀프 체크를 해 봅시다.

	YES	NO
★ 가격을 물어 볼 수 있다.	☐	☐
★ 다른 사이즈를 물어 볼 수 있다.	☐	☐
★ 할인이 되는지 물어 볼 수 있다.	☐	☐
★ '세일'을 스페인어로 알고 있다.	☐	☐
★ '카드'와 '현금'을 스페인어로 알고 있다.	☐	☐
★ '교환'과 '반품'을 스페인어로 알고 있다.	☐	☐

☑ 셀프진단

» Yes가 4개 이상일 경우
'메인요리1~3'을 빠르게 확인 후 '메인요리 즐기기'에 도전해 보세요!

» Yes가 4개 이하일 경우
'메인요리1~3'을 집중해서 확인 후 '메인요리 즐기기'에 도전해 보세요!

메인요리 ❶

8분

가격과 사이즈 문의가 쉬워지는 미라클 여행 표현 알아보자!

학습 Check ☐☐

| 표현 1 | ~은 얼마예요?

¿Cuánto cuesta(es)~? [꾸안또 꾸에스따 / 에스]

- 꾸안또 꾸에스따 에스떼 볼소
  ¿Cuánto cuesta este bolso?
  이 가방은 얼마인가요?
- 꾸안또 에스 에스따 까미사
  ¿Cuánto es esta camisa?
  이 셔츠는 얼마인가요?
- 꾸안또 꾸에스따 엔 또딸
  ¿Cuánto cuesta en total?
  총 비용은 얼마인가요?

학습 Check ☐☐

| 표현 2 | ~사이즈 있나요?

¿Tienen talla? [띠에넨 따야]

- 띠에네 마스 따야스
  ¿Tiene más tallas?
  다른 사이즈도 있나요?
- 띠에네 우나 따야 마스
  ¿Tiene una talla más?
  더 큰 사이즈가 있나요?
- 메 께다 운 뽀꼬 그란데 띠에넨 우나 따야 메노스
  Me queda un poco grande, ¿tienen una talla menos?
  제게는 좀 큰 것 같은데요, 더 작은 사이즈가 있나요?

메인요리 즐기기

SCAN ME!

네이티브의 대화를 듣고 소리내어 따라 읽어 봅시다!

Lara

이 셔츠 얼마예요?

꾸안또 꾸에스따 에스따 까미사
¿Cuánto cuesta esta camisa?

Vededora(직원)

25유로입니다.

꾸에스따 베인띠씽꼬 에우로스
Cuesta 25 euros.

Lara

이건 저한테 좀 큰 것 같아요. 더 작은 사이즈 있나요?

메 께다 운 뽀꼬 그란데 띠에넨 우나 따야 메노스
Me queda un poco grande, ¿tienen una talla menos?

Vededora(직원)

네, 여기 한 사이즈 작은 것도 있어요.

시 아끼 띠에네 우나 따야 마스 뻬께냐
Sí, aquí tiene una talla más pequeña.

Tips! 스페인어권 국가에서는 한국의 44, 55, 66 사이즈 대신 36, 38, 40 같은 유럽식 숫자나 S, M, L 같은 알파벳 사이즈를 사용한답니다. 구매 전에 사이즈 비교표를 확인해 보세요!

메인요리 ❷

8분

가격 흥정이 쉬워지는 미라클 여행 표현 알아보자!

학습 Check ☐☐

| 표현 1 | 할인 / 특가 판매

Descuento / oferta [데스꾸엔또 / 오페르따]

메 뿌에데 아세르 운 데스꾸엔또
- ¿Me puede hacer un descuento?
  할인해 주실 수 있나요?

로스 요구레스 에스딴 데 오페르따
- Los yogures están de oferta.
  요거트가 특가 판매되고 있어요.

에스 무이 까로 메 뿌에데 아세르 운 뽀꼬 데 데스꾸엔또
- Es muy caro, ¿me puede hacer un poco de descuento?
  너무 비싼데, 조금 할인해 주실 수 있나요?

학습 Check ☐☐

| 표현 2 | 세일

Rebajas [레바하스]

꾸안도 손 라스 레바하스 데 쁘리마베라
- ¿Cuándo son las rebajas de primavera?
  봄철 세일은 언제인가요?

에스따 띠엔다 에스따 데 레바하스
- Esta tienda está de rebajas.
  이 매장은 세일중입니다.

로 보이 아 꼼쁘라르 꾸안도 아야 레바하스
- Lo voy a comprar cuando haya rebajas.
  세일 때 사러 갈게요.

메인요리 즐기기

SCAN ME!

네이티브의 대화를 듣고 소리내어 따라 읽어 봅시다!

Lara

이 드레스가 정말 예뻐요. 혹시 할인해 주실 수 있나요?

에스떼 베스띠도 에스 무이 보니또 메 뿌에데
Este vestido es muy bonito. ¿Me puede
아세르 운 데스꾸엔또
hacer un descuento?

Vededora(직원)

지금은 세일 기간이에요. 이 제품은 20% 할인 중입니다.

아오라 에스따모스 엔 레바하스 에스떼 쁘로두또
Ahora estamos en rebajas. Este producto
띠에네 운 베인떼 뽀르시엔또 데 데스꾸엔또
tiene un 20% de descuento.

Lara

정말요? 그럼 이거 살게요.

데 베르다 엔또느세스 로 꼼쁘로
¿De verdad? Entonces, lo compro.

Vededora(직원)

좋은 선택이에요. 계산은 이쪽으로 오세요.

부에나 엘레씨온 빠세 뽀르 아끼 빠라 빠가르
Buena elección. Pase por aquí para pagar.

Tips!

- 스페인에서는 보통 'Mercadillo(노점시장)'이나 장터에서만 흥정이 가능해요. 한국과 마찬가지로 스페인 일반 매장에서도 할인 요청은 흔하지 않답니다.
- '여성 점원'은 'Vendedora[벤데도라]', '남성 점원'은 'Vendedor[벤데도르]'라고 해요.

메인요리 ❸

8분

결제와 반품이 쉬워지는 미라클 여행 표현 알아보자!

학습 Check ☐☐

| 표현 1 | 카드 / 현금

Tarjeta / efectivo [따르헤따 / 에펙띠보]

엔 에펙띠보 오 꼰 따르헤따
- ¿En efectivo o con tarjeta?

현금으로 지불하실건가요, 카드로 지불하실건가요?

세 뿌에데 빠가르 엔 에펙띠보
- ¿Se puede pagar en efectivo?

현금으로 지불할 수 있나요?

아셉딴 따르헤따스 데 오뜨로스 빠이세스
- ¿Aceptan tarjetas de otros países?

다른 나라의 카드를 받으시나요?

학습 Check ☐☐

| 표현 2 | 교환 / 반품

Cambios / devoluciones [깜비오스 / 데볼루시오네스]

끼에로 데볼베르 에스떼 베스띠도
- Quiero devolver este vestido.

이 드레스를 반품하고 싶어요.

노 아셉따모스 깜비오스 니 데볼루시오네스
- No aceptamos cambios ni devoluciones.

교환이나 반품은 받지 않습니다.

네세시따 엘 레시보 빠라 레알리사르 우나 데볼루시온
- Necesita el recibo para realizar una devolución.

반품을 하려면 영수증이 필요합니다.

메인요리 즐기기

SCAN ME!

네이티브의 대화를 듣고 소리내어 따라 읽어 봅시다!

Lara

이거 카드로 결제할 수 있나요?

세 뿌에데 빠가르 꼰 따르헤따
¿Se puede pagar con tarjeta?

Vededora(직원)

네, 카드와 현금 모두 가능합니다.

시 아셉따모스 따르헤따 이 에펙띠보
Sí, aceptamos tarjeta y efectivo.

Lara

혹시 반품도 가능한가요?

세 뿌에덴 아세르 데볼루시오네스
¿Se pueden hacer devoluciones?

Vededora(직원)

네, 영수증이 있으면 반품하실 수 있어요.

시 꼰 엘 레시보 뿌에데 아세르 라 데볼루시온
Sí, con el recibo puede hacer la devolución.

Tips! 쇼핑한 영수증은 꼭 보관하시는 게 좋아요. 공항에서 텍스리펀을 받을 수 있기 때문이랍니다. 일부 매장에서는 현장에서 면세 처리를 해주기도 하지만, 여권이 필요할 수 있어요!

5분 휴식

디저트

학습을 마친 후, 얼마나 이해했는지 다시 한번 체크해 보세요!

	그렇다	보통이다	모르겠다
‘¿Cuánto cuesta~?’로 가격을 물어 볼 수 있다.	☐	☐	☐
‘¿Tiene talla~?’로 더 큰 사이즈가 있는지 물어 볼 수 있다.	☐	☐	☐
‘Descuento’를 활용해서 점원에게 할인 여부를 물어 볼 수 있다.	☐	☐	☐
매장 내에 ‘Rebajas’라는 표시가 어떤 의미인지 안다.	☐	☐	☐
점원에게 카드로 결제할 수 있는지 물어 볼 수 있다.	☐	☐	☐
매장에서 상품 교환을 할 수 있다.	☐	☐	☐

* 스코어 계산법 :
그렇다=3점, 보통이다=2점, 모르겠다=1점

나의 합계 스코어는 ______ 점

☑ 셀프진단

» 14점 이상 ★★★
정말 훌륭합니다! ‘메인 요리1~3’을 입으로 뱉어 본 후 바로 학습을 종료해 주세요.

» 9~13점 ★★
거의 다 왔습니다! 약한 부분만 시간에 맞춰 다시 학습한 후 학습을 종료해 주세요.

» 9점 미만 ★
괜찮아요! 다시 한번 차근차근 ‘메인 요리1~3’을 학습해 봅시다!

원어민 음성듣기

Día 5

"한국어 오디오 가이드도 있나요?"

오늘의 후루룩 코스

에피타이저 / 메인요리1~3 / 디저트

Día 5 학습을 모두 마치면

스페인 현지 관광지에서 다양한
체험을 할 수 있어요!

후루룩 학습법

▸ 25분 학습 ◂ + ▸ 5분 휴식 ◂ = "1일 1후루룩 했다!"

1분 워밍업

- **에피타이저** 학습 전 셀프 체크하기

24분 집중

- **메인요리1** 관광 문의 표현1
- **요리 즐기기** 네이티브 회화 연습
- **메인요리2** 관광 문의 표현2
- **요리 즐기기** 네이티브 회화 연습
- **메인요리3** 관광 문의 표현3
- **요리 즐기기** 네이티브 회화 연습

5분 휴식

- **디저트** 학습 후 다시 한번 셀프 진단하기

에피타이저

1분

학습을 시작하기 전, 내가 얼마나 알고 있는지 셀프 체크를 해 봅시다.

	YES	NO
★ 영업 시간을 물어 볼 수 있다.	☐	☐
★ 상품, 서비스에 대해 물어 볼 수 있다.	☐	☐
★ 시설 위치를 물어 볼 수 있다.	☐	☐
★ 관광지를 추천받을 수 있다.	☐	☐
★ 원하는 기념품이 어떤 것인지 말할 수 있다.	☐	☐
★ 특정 물건이나 체험에 대해 물어 볼 수 있다.	☐	☐

☑ 셀프진단

» Yes가 4개 이상일 경우
'메인요리1~3'을 빠르게 확인 후 '메인요리 즐기기'에 도전해 보세요!

» Yes가 4개 이하일 경우
'메인요리1~3'을 집중해서 확인 후 '메인요리 즐기기'에 도전해 보세요!

메인요리 ❶

8분

관광 문의가 쉬워지는 미라클 여행 표현 알아보자!

학습 Check □□

| 표현 1 | 몇 시에 ~하나요?

¿A qué hora~? [아 께 오라]

아 께 오라 아브레 엘 무세오
- ¿A qué hora abre el museo?
  박물관은 언제 개장하나요?

아 께 오라 시에라 라 까떼드랄
- ¿A qué hora cierra la catedral?
  대성당은 몇 시에 닫아요?

아 께 오라 엠삐에사 엘 꼰시에르또
- ¿A qué hora empieza el concierto?
  콘서트는 몇 시에 시작하나요?

학습 Check □□

| 표현 2 | ~있나요?

¿Tienen~? [띠에넨]

띠에넨 아우디오기아 엔 꼬레아노
- ¿Tienen audioguía en coreano?
  한국어 오디오 가이드 있나요?

띠에넨 데스꾸엔또 빠라 미누스발리도스
- ¿Tienen descuento para minusválidos?
  장애인 할인이 있나요?

띠에넨 엔뜨라다스 빠라 라 엑스뽀시시온 데 마냐나
- ¿Tienen entradas para la exposición de mañana?
  내일 전시회 티켓이 있나요?

메인요리 즐기기

SCAN ME!

네이티브의 대화를 듣고 소리내어 따라 읽어 봅시다!

Lara

실례합니다, 박물관은 몇 시에 여나요?

디스꿀뻬 아 께 오라 아브레 엘 무세오
Disculpe, ¿a qué hora abre el museo?

Recepcionista(박물관 직원)

아침 10시에 엽니다.

아브레 아 라스 디에스 데 라 마냐나
Abre a las diez de la mañana.

Lara

한국어 오디오 가이드도 있나요?

띠에넨 아우디오기아 엔 꼬레아노
¿Tienen audioguía en coreano?

Recepcionista(박물관 직원)

네, 매표소에서 받을 수 있어요.

시 뿌에데 레꼬헤를라 엔 라 따끼야
Sí, puede recogerla en la taquilla.

Tips! 많은 스페인어권 국가들의 박물관은 오전 늦게 열고, 일부는 점심시간에 문을 닫기도 해요. 운영 시간이 매일 조금씩 다를 수 있으니, 방문 전에 운영 시간을 꼭 체크하고 가시는 걸 추천할게요!

메인요리 ❷

8분

관광 문의가 쉬워지는 미라클 여행 표현 알아보자!

학습 Check ☐☐

| 표현 1 | ~은 어디에 있나요?
¿Dónde está~? [돈데 에스따]

돈데 에스따 라 오피시나 데 뚜리스모
- ¿Dónde está la oficina de turismo?
관광 안내소는 어디에 있나요?

돈데 에스따 라 파르마시아 마스 세르까나
- ¿Dónde está la farmacia más cercana?
가장 가까운 약국은 어디에 있나요?

돈데 에스따 라 벤따니야 데 인포르마시온
- ¿Dónde está la ventanilla de información?
안내 데스크는 어디에 있나요?

학습 Check ☐☐

| 표현 2 | ~하기 좋은 곳은 어디인가요?
¿Qué sitio es bueno para~? [께 시띠오 에스 부에노 빠라]

께 시띠오 에스 부에노 빠라 비시따르 엔 마드리드
- ¿Qué sitio es bueno para visitar en Madrid?
마드리드에서 방문하기 좋은 곳은 어디인가요?

께 시띠오 에스 부에노 빠라 쁘로바르 꼬미다 띠삐까
- ¿Qué sitio es bueno para probar comida típica?
전통 음식을 맛보기 좋은 곳은 어디인가요?

께 시띠오 에스 부에노 빠라 베르 에디피시오스 이스또리꼬스
- ¿Qué sitio es bueno para ver edificios históricos?
역사적인 건물을 구경하기 좋은 곳은 어디인가요?

메인요리 즐기기

SCAN ME!

네이티브의 대화를 듣고 소리내어 따라 읽어 봅시다!

Lara

실례합니다, 관광 안내소는 어디에 있나요?

디스꿀뻬 돈데 에스따 라 오피시나 데 뚜리스모
Disculpe, ¿dónde está la oficina de turismo?

Ana

저기 광장 옆에 있어요.

에스따 아이 알 라도 데 라 쁠라사
Está allí, al lado de la plaza.

Lara

마드리드에서 방문하기 좋은 곳은 어디인가요?

께 시띠오 에스 부에노 빠라 비시따르 엔 마드리드
¿Qué sitio es bueno para visitar en Madrid?

Ana

레티로 공원이나 프라도 미술관이 좋아요.

엘 빠르께 델 레띠로 오 엘 무세오 델 쁘라도
El Parque del Retiro o el Museo del Prado
손 부에나스 옵씨오네스
son buenas opciones.

Tips! 길에서 누군가에게 무언가를 물어보기 전에 'Disculpe(실례합니다)'라고 말하는 것이 예의예요. 그다음 '¿Dónde está~?'를 자연스럽게 사용해 보세요. 스페인 사람들은 길을 잘 알려주는 편이라 걱정하지 안하셔도 돼요!

메인요리 ❸

8분

관광 문의가 쉬워지는 미라클 여행 표현 알아보자!

학습 Check ☐☐

| 표현 1 | ~을 사고 싶어요.

Quiero comprar~ [끼에로 꼼쁘라르]

끼에로 꼼쁘라르 알고 에스뻬시알
- Quiero comprar algo especial.
  특별한 걸 사고 싶어요.

끼에로 꼼쁘라르 운 레꾸에르도
- Quiero comprar un recuerdo.
  기념품을 사고 싶어요.

끼에로 꼼쁘라르 알고 에초 아 마노
- Quiero comprar algo hecho a mano.
  수제 제품을 사고 싶어요.

학습 Check ☐☐

| 표현 2 | 어디에서 ~할 수 있을까요?

¿Dónde puedo~? [돈데 뿌에도]

돈데 뿌에도 꼼쁘라르 알고 띠삐꼬
- ¿Dónde puedo comprar algo típico?
  이 지역의 대표적인 것을 어디에서 살 수 있을까요?

돈데 뿌에도 쁘로바르 꼬미다 로깔
- ¿Dónde puedo probar comida local?
  현지 음식을 어디에서 맛볼 수 있을까요?

돈데 뿌에도 엔꼰뜨라르 아르떼사니아스
- ¿Dónde puedo encontrar artesanías?
  전통 공예품을 어디에서 찾을 수 있을까요?

메인요리 즐기기

SCAN ME!

네이티브의 대화를 듣고 소리내어 따라 읽어 봅시다!

Lara

기념품을 사고 싶어요.

끼에로 꼼쁘라르 운 레꾸에르도
Quiero comprar un recuerdo.

Lucía

여기에서 수제 제품도 팔아요.

아끼 땀비엔 벤덴 꼬사스 에차스 아 마노
Aquí también venden cosas hechas a mano.

Lara

전통 공예품은 어디에서 살 수 있을까요?

돈데 뿌에도 엔꼰뜨라르 아르떼사니아스
¿Dónde puedo encontrar artesanías?

Lucía

이 근처 시장에 가 보세요. 현지 제품이 많아요.

바야 알 메르까도 세르까노 아이 무초스
Vaya al mercado cercano. Hay muchos
프로두또스 로깔레스
productos locales.

Tips! 현지 시장에서는 수공예 기념품과 독특한 물건들을 찾을 수 있어요. 미소와 함께 흥정에 도전해 보세요!

5분 휴식

디저트

학습을 마친 후, 얼마나 이해했는지 다시 한번 체크해 보세요!

	그렇다	보통이다	모르겠다
‘¿A qué hora~?’로 영업 시간을 물어 볼 수 있다.	☐	☐	☐
‘¿Tienen~?’으로 상품, 서비스에 대해 물어 볼 수 있다.	☐	☐	☐
‘¿Dónde está~?’로 시설 위치를 물어 볼 수 있다.	☐	☐	☐
‘¿Qué sitio es bueno para~?’로 관광지를 추천받을 수 있다.	☐	☐	☐
‘Quiero comprar~’로 원하는 기념품을 말할 수 있다.	☐	☐	☐
‘¿Dónde puedo~?’로 기념품 가게와 식당에 대해 물어 볼 수 있다.	☐	☐	☐

* 스코어 계산법 :
그렇다=3점, 보통이다=2점, 모르겠다=1점

나의 합계 스코어는 ________ **점**

☑ 셀프진단

» 14점 이상 ★★★
정말 훌륭합니다! ‘메인 요리1~3’을 입으로 뱉어 본 후 바로 학습을 종료해 주세요.

» 9~13점 ★★
거의 다 왔습니다! 약한 부분만 시간에 맞춰 다시 학습한 후 학습을 종료해 주세요.

» 9점 미만 ★
괜찮아요! 다시 한번 차근차근 ‘메인 요리1~3’을 학습해 봅시다!

원어민 음성듣기

Día 6

"도와주세요! 도둑을 맞았어요!"

오늘의 후루룩 코스

에피타이저 · 메인요리1~3 · 디저트

Día 6 학습을 모두 마치면

응급상황이 생겼을 때
대처할 수 있어요!

후루룩 학습법

▸ 25분 학습 ◂ + ▸ 5분 휴식 ◂ = "1일 1후루룩 했다!"

1분 워밍업

- **에피타이저** 학습 전 셀프 체크하기

24분 집중

- **메인요리1** 도움 요청 표현
- **요리 즐기기** 네이티브 회화 연습
- **메인요리2** 컨디션 설명 표현
- **요리 즐기기** 네이티브 회화 연습
- **메인요리3** 응급상황 설명 표현
- **요리 즐기기** 네이티브 회화 연습

5분 휴식

- **디저트** 학습 후 다시 한번 셀프 진단하기

에피타이저

1분

학습을 시작하기 전, 내가 얼마나 알고 있는지 셀프 체크를 해 봅시다.

	YES	NO
★ 도움을 요청할 수 있다.	☐	☐
★ 경찰, 소방관, 구급차를 불러 달라고 요청할 수 있다.	☐	☐
★ 신체 부위가 아프다고 말할 수 있다.	☐	☐
★ 어떤 증상이 있다고 말할 수 있다.	☐	☐
★ 무엇을 분실했는지 말할 수 있다.	☐	☐
★ 무엇을 도둑맞았는지 말할 수 있다.	☐	☐

☑ 셀프진단

» Yes가 4개 이상일 경우

'메인요리1~3'을 빠르게 확인 후 '메인요리 즐기기'에 도전해 보세요!

» Yes가 4개 이하일 경우

'메인요리1~3'을 집중해서 확인 후 '메인요리 즐기기'에 도전해 보세요!

메인요리 ❶

8분

도움 요청이 쉬워지는 미라클 여행 표현 알아보자!

학습 Check ☐☐

| 표현 1 | 도와주세요!

Ayuda [아유다]

- 아유다 뽀르 파보르 메 안 로바도
  ¡Ayuda, por favor! Me han robado.
  도와주세요! 도둑을 맞았어요.

- 메 뿌에데 아유다르 뽀르 파보르
  ¿Me puede ayudar, por favor?
  좀 도와주실 수 있나요?

- 아유다 아 아비도 운 악시덴떼
  ¡Ayuda! Ha habido un accidente.
  도와주세요! 사고가 났어요.

학습 Check ☐☐

| 표현 2 | ~을 불러 주세요!

Llamen a~ [야멘 아]

- 야멘 아 라 뽈리시아 메 안 로바도 엘 볼소
  ¡Llamen a la policía, me han robado el bolso!
  경찰을 불러 주세요! 가방을 도둑맞았어요.

- 야멘 아 로스 봄베로스 아이 운 인센디오
  ¡Llamen a los bomberos, hay un incendio!
  소방관을 불러 주세요! 화재가 났어요.

- 야멘 아 우나 암불란시아 메 에 까이도 뽀르 라스 에스깔레라스
  ¡Llamen a una ambulancia, me he caído por las escaleras!
  구급차를 불러 주세요! 계단에서 떨어졌어요.

메인요리 즐기기

SCAN ME!

네이티브의 대화를 듣고 소리내어 따라 읽어 봅시다!

Lara

도와주세요! 도둑을 맞았어요.

아유다 뽀르 파보르 메 안 로바도
¡Ayuda, por favor! Me han robado.

Javier

괜찮으세요? 뭘 빼앗긴 건가요?

에스따스 비엔 떼 안 끼따도 알고
¿Estás bien? ¿Te han quitado algo?

Lara

네, 가방이랑 여권을 도둑맞았어요.

시 메 로바론 엘 볼소 꼰 미 빠사뽀르떼
Sí, me robaron el bolso con mi pasaporte.

Javier

경찰 좀 불러 주세요!

야멘 아 라 뽈리시아 뽀르 파보르
Llamen a la policía, por favor!

Tips! 스페인과 일부 스페인어권 국가에서는 소지품을 항상 몸 가까이에 두는 것이 중요해요. 한국처럼 테이블에 가방이나 휴대폰을 두고 자리를 비우면 도난당할 수 있으니, 화장실에 갈 때도 꼭 챙기세요!

메인요리 ❷

8분

컨디션 설명이 쉬워지는 미라클 여행 표현 알아보자!

학습 Check ☐☐

| 표현 1 | ~가 아파요.

Me duele~ [메 두엘레]

메 두엘레 라 까베사
- Me duele la cabeza.
  머리가 아파요.

메 두엘레 엘 에스또마고
- Me duele el estómago.
  배가 아파요.

메 두엘레 라 가르간따
- Me duele la garganta.
  목이 아파요.

학습 Check ☐☐

| 표현 2 | ~이 있어요.

Tengo~ [뗀고]

뗀고 피에브레
- Tengo fiebre.
  열이 나요.

뗀고 에스깔로프리오스 이 수도르 프리오
- Tengo escalofríos y sudor frío.
  오한과 식은땀이 나요.

뗀고 또스 푸에르떼 이 모꼬스
- Tengo tos fuerte y mocos.
  기침이 심하고 콧물이 흘러요.

메인요리 즐기기

SCAN ME!

네이티브의 대화를 듣고 소리내어 따라 읽어 봅시다!

Lara

실례합니다, 배가 아프고 열이 나요.

디스꿀뻬 메 두엘레 엘 에스또마고 이 뗀고 피에브레
Disculpe, me duele el estómago y tengo fiebre.

Recepcionista(프론트 직원)

정말 안타깝네요. 의사를 불러드릴까요?

로 시엔또 무초 끼에레 께 야메 아 운 메디꼬
Lo siento mucho. ¿Quiere que llame a un médico?

Lara

괜찮아요, 그냥 약국에 가고 싶어요.

노 아쎄 빨따 솔로 네세시또 이르 아 우나 파르마시아
No hace falta, solo necesito ir a una farmacia.

Recepcionista(프론트 직원)

물론이죠, 여기서 두 블록 거리에 약국이 있어요.

끌라로 아이 우나 파르마시아 아 도스 까예스 데 아끼
Claro, hay una farmacia a dos calles de aquí.

Tips! 스페인에서는 공공 의료 시스템이 잘 갖춰져 있어요. 응급 상황에서는 외국인도 병원에서 진료를 받을 수 있으며, 이때 여권이나 여행자 보험 서류를 제시하면 돼요.

메인요리 ❸

8분

응급상황 설명이 쉬워지는 미라클 여행 표현 알아보자!

학습 Check ☐☐

| 표현 1 | ~을 잃어버렸어요.

He perdido~ [에 뻬르디도]

에 뻬르디도 미 빠사뽀르떼
- He perdido mi pasaporte.

여권을 잃어버렸어요.

에 뻬르디도 라 야베 데 미 아비따시온
- He perdido la llave de mi habitación.

객실 열쇠를 잃어버렸어요.

에 뻬르디도 미 비예떼 데 부엘따
- He perdido mi billete de vuelta.

돌아가는 티켓을 잃어버렸어요.

학습 Check ☐☐

| 표현 2 | ~도둑을 맞았어요.

Me han robado~ [메 안 로바도]

메 안 로바도 라 까르떼라 엔 엘 메뜨로
- Me han robado la cartera en el metro.

지하철에서 지갑을 도둑맞았어요.

메 안 로바도 엘 모빌 엔 라 까예
- Me han robado el móvil en la calle.

길에서 휴대폰을 도둑맞았어요.

메 안 로바도 끼에로 아세르 우나 데눈시아
- Me han robado, quiero hacer una denuncia.

도둑을 맞았어요, 신고하고 싶어요.

메인요리 즐기기

SCAN ME!

네이티브의 대화를 듣고 소리내어 따라 읽어 봅시다!

Lara

여권을 잃어버렸어요.

에 빼르디도 미 빠사뽀르떼
He perdido mi pasaporte.

Carlos

언제 어디에서 잃어버린 것 같으세요?

돈데 끄레 께 로 뻬르디오
¿Dónde cree que lo perdió?

Lara

아마 지하철에서 내릴 때 떨어뜨린 것 같아요.

끄레오 께 로 뻬르디 알 바하르 델 메뜨로
Creo que lo perdí al bajar del metro.

Carlos

걱정하지 마세요. 경찰에 신고하는 걸 도와드릴게요.

노 세 쁘레오꾸뻬 레 아유다레 아 아세르 라 데눈시아
No se preocupe, le ayudaré a hacer la denuncia.

Tips! 스페인 여행 중 여권이나 티켓을 잃어버렸을 경우를 대비해 복사본을 지참하거나 휴대폰에 사진을 저장해 두는 것이 좋아요. 경찰서나 대사관에서 매우 유용하게 쓰여요.

디저트

5분 휴식

학습을 마친 후, 얼마나 이해했는지 다시 한번 체크해 보세요!

	그렇다	보통이다	모르겠다
'Ayuda~'를 활용해서 도와달라고 말할 수 있다.	☐	☐	☐
'Llamen a~'를 활용해서 경찰, 소방관, 구급차를 불러 달라고 요청할 수 있다.	☐	☐	☐
'Me duele~'로 신체 부위가 아프다고 말할 수 있다.	☐	☐	☐
'Tengo~'로 어떤 증상이 있다고 말할 수 있다.	☐	☐	☐
'He perdido~'로 무엇을 분실했는지 말할 수 있다.	☐	☐	☐
'Me han robado~'로 무엇을 도둑맞았는지 말할 수 있다.	☐	☐	☐

* 스코어 계산법 :
그렇다=3점, 보통이다=2점, 모르겠다=1점

나의 합계 스코어는 ______ 점

☑ 셀프진단

» 14점 이상 ★★★
정말 훌륭합니다! '메인 요리1~3'을 입으로 뱉어 본 후 바로 학습을 종료해 주세요.

» 9~13점 ★★
거의 다 왔습니다! 약한 부분만 시간에 맞춰 다시 학습한 후 학습을 종료해 주세요.

» 9점 미만 ★
괜찮아요! 다시 한번 차근차근 '메인 요리1~3'을 학습해 봅시다!

원어민 음성듣기

Día 7

“저는 2박을 예약했어요”

오늘의 후루룩 코스

에피타이저 · 메인요리1~3 · 디저트

Día 7 학습을 모두 마치면

숙소 체크인과 각종 서비스를 요청할 수 있어요!

후루룩 학습법

▸ 25분 학습 ◂ + ▸ 5분 휴식 ◂ = "1일 1후루룩 했다!"

1분 워밍업

- **에피타이저** 학습 전 셀프 체크하기

24분 집중

- **메인요리1** 호텔 체크인 표현
- **요리 즐기기** 네이티브 회화 연습
- **메인요리2** 호텔 서비스 문의 표현
- **요리 즐기기** 네이티브 회화 연습
- **메인요리3** 주변 관광지 문의 표현
- **요리 즐기기** 네이티브 회화 연습

5분 휴식

- **디저트** 학습 후 다시 한번 셀프 진단하기

에피타이저

1분

학습을 시작하기 전, 내가 얼마나 알고 있는지 셀프 체크를 해 봅시다.

	YES	NO
★ 호텔에서 예약 여부를 설명할 수 있다.	☐	☐
★ 체크인, 체크아웃에 대해 문의할 수 있다.	☐	☐
★ 호텔 서비스에 대해 문의할 수 있다.	☐	☐
★ 호텔 시설에 대해 문의할 수 있다.	☐	☐
★ 지도를 요청할 수 있다.	☐	☐
★ 주변 관광지, 시설에 대해 문의할 수 있다.	☐	☐

☑ 셀프진단

» Yes가 4개 이상일 경우
'메인요리1~3'을 빠르게 확인 후 '메인요리 즐기기'에 도전해 보세요!

» Yes가 4개 이하일 경우
'메인요리1~3'을 집중해서 확인 후 '메인요리 즐기기'에 도전해 보세요!

메인요리 ❶

8분

호텔 체크인이 쉬워지는 미라클 여행 표현 알아보자!

학습 Check ☐☐

| 표현 1 | ~예약했어요.

Tengo una reserva~ [뗀고 우나 레세르바]

뗀고 우나 레세르바 아 놈브레 데 낌
- Tengo una reserva a nombre de Kim.

'김'이라는 이름으로 예약했어요.

뗀고 우나 레세르바 빠라 도스 노체스
- Tengo una reserva para dos noches.

저는 2박을 예약했어요.

뗀고 우나 레세르바 엔 우나 아비따시온 도블레
- Tengo una reserva en una habitación doble.

더블룸을 예약했어요.

학습 Check ☐☐

| 표현 2 | 체크인 / 체크아웃

Check-in / Check-out [첵인 / 첵아웃]

꾸안도 에스 엘 첵인
- ¿Cuándo es el check-in?

체크인은 몇 시인가요?

아 께 오라 에스 엘 첵아웃
- ¿A qué hora es el check-out?

체크아웃 시간은 언제인가요?

에스 뽀시블레 아세르 엘 첵아웃 마스 따르데
- ¿Es posible hacer el check-out más tarde?

체크아웃을 좀 더 늦게 할 수 있나요?

메인요리 즐기기

SCAN ME!

네이티브의 대화를 듣고 소리내어 따라 읽어 봅시다!

Lara

안녕하세요. '김'이라는 이름으로 예약했어요.

올라 뗀고 우나 레세르바 아 놈브레 데 낌
¡Hola! Tengo una reserva a nombre de Kim.

Recepcionista(프론트 직원)

네, 확인되었습니다. 체크인은 오후 3시부터 가능합니다.

시 에스따 꼰피르마다 엘 첵인 에스 아 빠르띠르
Sí, está confirmada. El check-in es a partir
데 라스 뜨레스 데 라 따르데
de las 3 de la tarde.

Lara

감사합니다. 그리고 체크아웃은 몇 시인가요?

그라시아스 아 께 오라 에스 엘 첵아웃
Gracias. ¿A qué hora es el check-out?

Recepcionista(프론트 직원)

오전 11시입니다. 더 늦게 원하시면 알려주세요.

에스 아 라스 온세 데 라 마냐나 시 끼에레 아세를로
Es a las 11 de la mañana. Sí quiere hacerlo
마스 따르데 아비세노스
más tarde, avísenos.

Tips! 스페인에서는 호텔 체크인이 오후 2시 또는 3시부터인 경우가 많고, 체크아웃은 오전 11시 전에 해야 해요. 시간 개념이 느긋한 문화지만, 호텔 규칙은 꽤 잘 지켜요!

메인요리 ❷

8분

호텔 서비스 문의가 쉬워지는 미라클 여행 표현 알아보자!

학습 Check ☐☐

| 표현 1 | ~이 포함된

Incluido [인끌루이도]

라 레세르바 인끌루예 엘 데사유노
- La reserva **incluye** el desayuno.
  예약에는 아침 식사가 포함되어 있습니다.

께 세르비시오스 에스딴 인끌루이도스 엔 엘 쁘레시오
- ¿Qué servicios están **incluidos** en el precio?
  요금에는 어떤 서비스가 포함되나요?

엘 세르비시오 데 아비따시온 노 에스따 인끌루이도
- El servicio de habitación no está **incluido**.
  룸서비스는 포함되지 않습니다.

학습 Check ☐☐

| 표현 2 | ~을 이용할 수 있어요.

Acceso a~ [악세소 아]

뗀고 악세소 알 힘나시오 델 오뗄
- ¿Tengo **acceso al** gimnasio del hotel?
  호텔 헬스장을 이용할 수 있나요?

뗀고 악세소 아 라 삐스시나 신 꼬스또 아디시오날
- ¿Tengo **acceso a** la piscina sin costo adicional?
  추가 비용 없이 수영장을 이용할 수 있나요?

엘 악세소 알 에스빠 에스따 리미따도 아 로스 끌리엔떼스 빕
- El **acceso al** spa está limitado a los clientes VIP.
  스파 이용은 VIP 고객으로 제한됩니다.

메인요리 즐기기

SCAN ME!

네이티브의 대화를 듣고 소리내어 따라 읽어 봅시다!

Lara

실례합니다, 예약에 아침 식사가 포함되어 있나요?

디스꿀뻬 라 레세르바 인끌루예 엘 데사유노
Disculpe, ¿la reserva incluye el desayuno?

Recepcionista(프론트 직원)

네, 아침 식사와 와이파이는 포함되어 있어요.

시 인끌루예 엘 데사유노 이 엘 위피
Sí, incluye el desayuno y el wifi.

Lara

수영장도 이용할 수 있나요?

뗀고 악세소 아 라 삐시나
Tengo acceso a la piscina?

Recepcionista(프론트 직원)

네, 추가 요금 없이 이용하실 수 있습니다.

시 띠에네 악세소 신 꼬스또 아디시오날
Sí, tiene acceso sin costo adicional.

Tips! 호텔에 도착하면 '¿Qué servicios están incluidos?(어떤 서비스가 포함되어 있나요?)'라고 물어 보세요. 아침 식사, 와이파이, 수영장 이용 여부를 미리 확인할 수 있어요!

메인요리 ❸

8분

주변 관광지 문의가 쉬워지는 미라클 여행 표현 알아보자!

학습 Check ☐☐

| 표현 1 | ~의 지도
Un mapa de~ [운 마빠 데]

띠에넨 운 마빠 데 라 시우다드
- ¿Tienen un mapa de la ciudad?
  시내 지도 있나요?

띠에넨 운 마빠 델 뜨란스뽀르떼 뿌블리꼬
- ¿Tienen un mapa del transporte público?
  대중교통 지도 있나요?

로스 루가레스 뚜리스띠꼬스 에스딴 마르까도스 엔 엘 마빠
- Los lugares turísticos están marcados en el mapa.
  지도에는 관광 명소가 표시되어 있습니다.

학습 Check ☐☐

| 표현 2 | 이 근처에는 ~가 있나요?
¿Qué hay cerca de aquí~? [께 아이 세르까 데 아끼]

께 아이 세르까 데 아끼 빠라 꼬메르
- ¿Qué hay cerca de aquí para comer?
  이 근처에는 먹을 만한 게 뭐가 있나요?

께 시띠오스 뚜리스띠꼬스 아이 세르까 데 아끼
- ¿Qué sitios turísticos hay cerca de aquí?
  이 근처에는 어떤 관광지가 있나요?

께 까페떼리아스 아이 세르까 데 아끼
- ¿Qué cafeterías hay cerca de aquí?
  이 근처에 어떤 커피숍이 있나요?

메인요리 즐기기

SCAN ME!

네이티브의 대화를 듣고 소리내어 따라 읽어 봅시다!

Lara

시내 지도 있나요?

띠에넨 운 마빠 데 라 시우다드
¿Tienen un mapa de la ciudad?

Recepcionista(프론트 직원)

네, 여기 있습니다. 관광 명소들도 표시되어 있어요.

시 아끼 띠에네 로스 루가레스 뚜리스띠꼬스 에스딴
Sí, aquí tiene. Los lugares turísticos están
마르까도스 엔 엘 마빠
marcados en el mapa.

Lara

혹시 이 근처에 뭘 먹을 데가 있을까요?

께 아이 세르까 데 아끼 빠라 꼬메르
¿Qué hay cerca de aquí para comer?

Recepcionista(프론트 직원)

네, 호텔에서 5분 거리에 인기 있는 타파스 바가 있어요.

시 아이 운 바르 데 따빠스 무이 뽀뿔라르 아 신꼬
Sí, hay un bar de tapas muy popular a 5
미누또스 델 오뗄
minutos del hotel.

Tips! 스페인어권 나라의 호텔이나 관광안내소에서는 무료 도시 지도나 대중교통 지도를 제공해요. '¿Tienen un mapa~?(시내 지도 있나요?)'라고 물어보면 쉽게 받을 수 있어요!

5분 휴식

디저트

학습을 마친 후, 얼마나 이해했는지 다시 한번 체크해 보세요!

	그렇다	보통이다	모르겠다
★ 'Tengo una reserva~'로 호텔 예약 여부를 설명할 수 있다.	☐	☐	☐
★ 레이트 체크아웃이 가능한지 물어 볼 수 있다.	☐	☐	☐
★ 'Incluidos'로 어떤 서비스가 포함되어 있는지 물어 볼 수 있다.	☐	☐	☐
★ 'Acceso a~'로 호텔 시설이 이용 가능한지 물어 볼 수 있다.	☐	☐	☐
★ 'Un mapa de~'로 지도를 요청할 수 있다.	☐	☐	☐
★ '¿Qué hay cerca de aquí~?'로 주변 관광지, 시설에 대해 물어 볼 수 있다.	☐	☐	☐

* 스코어 계산법 :
그렇다=3점, 보통이다=2점, 모르겠다=1점

나의 합계 스코어는 ______ 점

☑ 셀프진단

» **14점 이상 ★★★**
정말 훌륭합니다! '메인 요리1~3'을 입으로 뱉어 본 후 바로 학습을 종료해 주세요.

» **9~13점 ★★**
거의 다 왔습니다! 약한 부분만 시간에 맞춰 다시 학습한 후 학습을 종료해 주세요.

» **9점 미만 ★**
괜찮아요! 다시 한번 차근차근 '메인 요리1~3'을 학습해 봅시다!

라라의 왕초보 스페인어

부록

- 메인요리 즐기기 정답
- 후루룩 단어 모음집

메인요리 즐기기 정답

SNS 일상어휘

Día 1

메인요리 ❶ - 메인요리 즐기기 p.29

1	Estadio	2	Equipación
3	Campo	4	Banquillo
5	Gradas	6	Portería
7	Palco	8	Equipo

1 ¿Dónde está el **estadio** Bernabeu?
2 Ojalá poder ver el partido desde el **palco**.
3 ¿Qué **equipo** te gusta más?
4 Me senté justo detrás del **banquillo**.

메인요리 ❷ - 메인요리 즐기기 p.31

1	Hincha	2	Defensa
3	Árbitro	4	Centrocampista
5	Entrenador	6	Delantero
7	Portero	8	Capitán

1 El **árbitro** estaba comprado.
2 El **portero** hizo un paradón.
3 El **delantero** marcó el último gol.
4 Los **hinchas** animaron durante todo el partido.

메인요리 ❸ - 메인요리 즐기기 p.33

1	Golazo	2	Chupón
3	Chilena	4	Chupar banquillo
5	Finta	6	Manta
7	Pichichi	8	Tiqui taca

1 Messi es un **pichichi**.
2 Ese jugador es un **manta**.
3 El nuevo fichaje va a **chupar banquillo** toda la temporada.
4 Es un **chupón**. Nunca pasa el balón.

Día 2

메인요리 ❶ - 메인요리 말하기 p.39

1	Carajillo	2	Café Americano
3	Café con leche	4	Café Bombón
5	Cortado	6	Manchado
7	Descafeinado	8	Café Solo

1 ¿Me pones un **cortado**, por favor?
2 Mi café favorito es el **café bombón**.
3 Por la tarde sólo tomo **descafeinado**.
4 Este **carajillo** está muy cargado.

메인요리 ❷ - 메인요리 말하기 p.41

1	Tostada	2	Ensaimada
3	Bollo	4	Sobao
5	Churros con chocolate	6	Palmera
7	Porras	8	Magdalenas

1 Después de la fiesta tomamos **churros con chocolate**.
2 Me encantan las **magdalenas**.
3 En Mallorca es típico desayunar **ensaimada**.
4 Póngame una **tostada** con tomate y jamón.

메인요리 ❸ - 메인요리 말하기 p.43

1	Vaso	2	Azúcar
3	Taza	4	Sacarina
5	Cucharilla	6	Para llevar
7	Crema	8	Con hielo

1 ¿Me da un sobre de **azúcar**, por favor?
2 Póngamelo **para llevar**, gracias.
3 Quiero un café **con hielo**.
4 ¿Puede quitar la **crema**?

Día 3

메인요리 ❶ - 메인요리 즐기기 p.49

1	Cerveza	2	Sin alcohol
3	Caña	4	Botellín
5	De grifo	6	Clara
7	Tercio	8	Doble

1 ¿Cuánto cuesta un **tercio**?
2 Tengo que conducir, así que ponme una **sin alcohol**.
3 Me gusta la **clara** con limón.
4 Este bar tiene las mejores **cañas**.

메인요리 ❷ - 메인요리 즐기기 p.51

1	Tapas	2	Torreznos
3	Pincho	4	Patatas bravas
5	Tortilla	6	Aceitunas
7	Bocadillo	8	Para picar

1 ¿Quieren algo **para picar**?
2 Las **aceitunas** rellenas están buenísimas.
3 En Madrid es típico comer **bocadillo** de calamares.
4 ¿Nos pones un **pincho** de jamón?

메인요리 ❸ - 메인요리 즐기기 p.53

1	Refrescos	2	Bitter Kas
3	Vermút	4	Barra
5	Mosto	6	Mesa
7	Gaseosa	8	Terraza

1 ¿Podemos sentarnos en la **terraza**?
2 Sólo queda sitio en la **barra**.
3 ¿Qué **refrescos** tienen?
4 No me gusta el **bitter Kas**.

Día 4

메인요리 ❶ - 메인요리 즐기기 p.59

1	Arreglado	2	Chaleco
3	Traje	4	Vestido
5	Corbata	6	Mocasines
7	Camisa	8	Tacones

1 Es un evento formal, tengo que ir **arreglado**.
2 Estos **tacones** me están matando.
3 Si la gala es de noche, mejor un **vestido** largo.
4 Hay que ir de **traje** y **corbata**.

메인요리 ❷ - 메인요리 즐기기 p.61

1	Informal	2	Deportivas
3	Vaqueros	4	Sudadera
5	Camiseta	6	Jersey
7	Minifalda	8	Chaqueta

1 Normalmente mi estilo es **informal**.
2 Necesito unas nuevas **deportivas**.
3 En otoño, lleva siempre una **chaqueta**.
4 Estos **vaqueros** me quedan pequeños, ¿tiene una talla más?

메인요리 ❸ - 메인요리 즐기기 p.63

1	Accesorios	2	Anillo
3	Gafas de sol	4	Pulsera
5	Gorra	6	Pendientes
7	Collar	8	Reloj

1 Se me ha perdido la **pulsera**.
2 ¿Tiene esta **gorra** en azul?
3 Mi **reloj** no tiene pilas.
4 No te compres **gafas de sol** de mala calidad.

Día 5

메인요리 ❶ - 메인요리 즐기기 p.69

1	Parada de autobús	2	Autobús búho
3	Parada de taxi	4	AVE
5	Estación de metro	6	Alvia
7	Estación de tren	8	Renfe

1 ¿Sabe dónde hay una **parada de taxi**?
2 Como se ha hecho tarde, tenemos que coger el **autobús búho**.
3 ¿Cuál es la **estación de metro** más cercana?
4 El **AVE** no pasa por aquí.

메인요리 ❷ - 메인요리 즐기기 p.71

1	Andén	2	Tarjeta de transporte
3	Tornos	4	Abono turístico
5	Taquilla	6	Tarifa nocturna
7	Billete	8	Tarifa fija

1 Te espero en el **andén**.
2 La **taquilla** está cerrada, hay que usar la máquina.
3 La **tarifa nocturna** es muy cara.
4 Hay una **tarifa fija** de taxis desde el aeropuerto.

메인요리 ❸ - 메인요리 즐기기 p.73

1	Revisor	2	Ir de pie
3	Pasajero	4	Asiento para minusválidos
5	Carterista	6	Ceder el asiento
7	Hora punta	8	Pasarse la parada

1 Prepara tu billete para enseñárselo al **revisor**.
2 Prefiero evitar la **hora punta**.
3 ¿Por qué siempre me toca **ir de pie** en el metro?
4 Hay que **ceder el asiento** a las embarazadas.

Día 6

메인요리 ❶ - 메인요리 말하기 p.79

1	Supermercado	2	Carnicería
3	Frutería	4	Tienda de alimentación
5	Panadería	6	Centro comercial
7	Pescadería	8	Restaurante

1 Quedamos mañana en el **centro comercial**.
2 Esa **panadería** tiene las mejores barras de pan.
3 Vamos al **supermercado** a por bebidas.
4 La **tienda de alimentación** está abierta 24 horas.

메인요리 ❷ - 메인요리 말하기 p.81

1	Menú del día	2	Primer plato
3	Carta	4	Segundo plato
5	Especialidad	6	Postre
7	Cuenta	8	Propina

1 ¿Tienen **menú del día**?
2 ¿Me trae la **cuenta**, por favor?
3 La **especialidad** del día es el bacalao.
4 Yo quiero helado de **postre**.

메인요리 ❸ - 메인요리 말하기 p.83

1	Cubiertos	2	Plato
3	Cuchillo	4	Copa
5	Tenedor	6	Jarra
7	Cuchara	8	Servilleta

1 Este **cuchillo** no corta bien.
2 Cuidado, el **plato** está caliente.
3 Si no van a beber vino, ¿les retiro las **copas**?
4 Una **jarra** de agua, por favor.

Día 7

메인요리 ❶ - 메인요리 즐기기 p.89

1	Parque de atracciones	2	Bolera
3	Teatro	4	Recreativos
5	Cine	6	Circuito de karts
7	Tablao	8	Pista de hielo

1 ¿Quieres ir al **parque de atracciones**?
2 En Navidad hay muchas **pistas de hielo**.
3 ¿Hay una **bolera** en este centro comercial?
4 ¡Si te gustan los coches, vamos al **circuito de karts**!

메인요리 ❷ - 메인요리 즐기기 p.91

1	Montaña rusa	2	Fila
3	Noria	4	Pleno
5	Palomitas	6	Pista
7	Butacas	8	Patines

1 Me da miedo la **montaña rusa**.
2 ¡Menudo **pleno**!
3 ¿Quieres comprar **palomitas**?
4 Hay que esperar mucho para la **noria**.

메인요리 ❸ - 메인요리 즐기기 p.93

1	Sevillanas	2	Cantaor
3	Flamenco	4	Bailaor
5	Guitarra	6	Bata de cola
7	Zapatear	8	¡Olé!

1 Tocar la **guitarra** española es muy difícil.
2 Esa **bata de cola** pesa más de 7kg.
3 Cuando era pequeña aprendí a bailar **sevillanas**.
4 Ese **cantaor** tiene mucho arte.

후루룩 단어 모음집

SNS 일상어휘

DAY 1

● Estadio [에스따디오]	m. 경기장
● Campo [깜뽀]	m. 축구장
● Gradas [그라다스]	f. 관람석
● Palco [빨꼬]	m. VIP 박스석, 특별석
● Banquillo [반끼요]	m. 선수 벤치
● Portería [뽀르떼리아]	f. 골대
● Equipo [에끼뽀]	m. (스포츠, 운동 경기의) 팀
● Hincha [인차]	m. 축구 팬
● Árbitro [아르비뜨로]	m. 심판
● Entrenador [엔뜨레나도르]	m. (남성) 감독, 코치

메인요리1 ● 메인요리2 ● 메인요리3 ●

한번 ☑ 두번 ☐ 세번 ☐

● Portero [뽀르떼로]	m. 골키퍼
● Defensa [데펜사]	m. 수비수
● Centrocampista [센뜨로깜삐스따]	m. 미드필더
● Delantero [델란떼로]	m. 공격수
● Chilena [칠레나]	f. 오버헤드킥
● Pichichi [삐치치]	m. 득점왕
● Chupón [추뽄]	m. 패스 안 하는 선수, 호더
● Chupar banquillo [추빠르 반끼요]	v. 벤치워머, 벤치에만 있는 선수
● Manta [만따]	m. 못하는 선수
● Tiqui taca [띠끼 따까]	m. 티키타카, 빠른 패스 플레이

DAY 2

● **Carajillo** [까라히요]	m. 술이 들어간 커피
● **Café americano** [까페 아메리까노]	m. 아메리카노
● **Café con leche** [까페 꼰 레체]	m. 라떼
● **Cortado** [꼬르따도]	m. 에스프레소에 약간 뜨거운 우유를 넣은 커피
● **Descafeinado** [데스까페이나도]	m. 디카페인 커피
● **Café solo** [까페 솔로]	m. 에스프레소
● **Tostada** [또스따다]	f. 토스트
● **Ensaimada** [엔사이마다]	f. 꽈배기 모양의 빵
● **Bollo** [보요]	m. 달콤한 모닝빵
● **Churros con chocolate** [추로스 꼰 초꼴라떼]	m. 추로스와 초콜릿

메인요리1 ● 메인요리2 ● 메인요리3 ●

한번 ☑ 두번 ☐ 세번 ☐

● Porras [뽀라스]	f. 큰 추로스
● Magdalenas [막달레나스]	f. 꽈배기 모양의 빵
● Vaso [바소]	m. 컵
● Azúcar [아수까르]	m. 설탕
● Taza [따사]	f. 머그컵
● Sacarina [사까리나]	f. 사카린
● Cucharilla [꾸차리야]	f. 티스푼
● Para llevar [빠라 예바르]	v. 포장하다, 테이크아웃
● Crema [끄레마]	m. 크림
● Con hielo [꼰 이엘로]	m. 아이스

DAY 3

Sin alcohol [신 알꼴]	adj. 무알콜의, 알코올 없는
Caña [까냐]	f. 생맥주 200ml
Botellín [보떼진]	m. 병맥주 200ml
De grifo [데 그리포]	adj. 생맥주의, 탭에서 나오는
Clara [끌라라]	f. 맥주와 레몬 사이다를 섞은 음료
Tercio [떼르시오]	m. 병맥주 330ml
Doble [도블레]	f. 생맥주 400ml
Tapas [따빠스]	f. 타파스
Pincho [삔초]	m. 빵과 토핑을 이쑤시개로 고정한 간식
Tortilla [또르띠야]	f. 스페인식 오믈렛

메인요리1 ● 메인요리2 ● 메인요리3 ●

한번 ☑ 두번 ☐ 세번 ☐

● Aceitunas [아세이뚜나스]	f. 올리브
● Bocadillo [보까디요]	m. 바게트 샌드위치
● Para picar [빠라 삐까르]	adj. 요깃거리의, 가볍게 집어먹는
● Bitter Kas [비떼르 까스]	m. 과일향의 탄산 음료
● Vermút [베르뭇]	m. 와인에 향료를 넣어 우려 만든 술
● Barra [바라]	f. 바 카운터
● Mosto [모스또]	f. 와인을 만들기 전의 포도즙
● Mesa [메사]	f. 테이블
● Gaseosa [가세오사]	f. 스페인식 사이다
● Terraza [떼라사]	f. 야외 테라스석

DAY 4

Arreglado [아레글라도]	adj. 차려입은, 단정한
Traje [뜨라헤]	m. 수트, 양복
Vestido [베스띠도]	f. 드레스
Corbata [꼬르바따]	f. 넥타이
Mocasines [모까시네스]	m. 로퍼, 모카신
Camisa [까미사]	f. 셔츠
Tacones [따꼬네스]	m. 하이힐
Informal [인포르말]	adj. 캐주얼한, 격식 없는
Deportivas [데뽀르띠바스]	f. 운동화
Vaqueros [바께로스]	m. 청바지

메인요리1 ● 메인요리2 ● 메인요리3 ●

한번 ☑ 두번 ☐ 세번 ☐

● Sudadera [수다데라]	f. 후디
● Camiseta [까미세따]	f. 티셔츠
● Chaqueta [차께따]	f. 재킷
● Accesorios [악세소리오스]	m. 액세서리
● Gafas de sol [가파스 데 솔]	f. 선글라스
● Pulsera [뿔세라]	f. 팔찌
● Gorra [고라]	f. 모자
● Pendientes [뻰디엔떼스]	m. 귀걸이
● Collar [꼬야르]	m. 목걸이
● Reloj [렐로흐]	m. 시계

DAY 5

● **Parada de autobús** [빠라다 데 아우또부스]	f. 버스 정류장
● **Autobús búho** [아우또부스 부오]	m. 올빼미 버스, 야간버스
● **Parada de taxi** [빠라다 데 딱시]	f. 택시 정거장
● **AVE** [아베]	m. 고속열차
● **Estación de metro** [에스따시온 데 메뜨로]	f. 지하철역
● **Alvia** [알비아]	m. 일반열차
● **Estación de tren** [에스따시온 데 뜨렌]	f. 기차역
● **Renfe** [렌페]	f. 스페인의 대표적인 국영 철도 회사
● **Andén** [안덴]	f. 기차역
● **Tarjeta de transporte** [따르헤따 데 뜨란스뽀르떼]	f. 교통카드

한번 ✓ 두번 ☐ 세번 ☐

메인요리1 ● 메인요리2 ● 메인요리3 ●

● **Tornos** [또르노스]	m. 개찰구
● **Taquilla** [따끼야]	f. 매표소, 표 사는 곳
● **Tarifa nocturna** [따리파 녹뚜르나]	f. 야간 할증
● **Billete** [비예떼]	m. 티켓, 승차권
● **Tarifa fija** [따리파 피하]	f. 정액 요금
● **Revisor** [레비소르]	m. 티켓 검표원
● **Ir de pie** [이르 데 삐에]	v. 서 있다
● **Pasajero** [빠사헤로]	m. 승객
● **Carterista** [까르떼리스따]	m. 소매치기
● **Pasarse la parada** [빠사르세 라 빠라다]	v. 내릴 역을 놓치다

DAY 6

Supermercado [수뻬르메르까도]	m. 슈퍼마켓
Frutería [프루떼리아]	f. 과일 가게
Tienda de alimentación [띠엔다 데 알리멘따시온]	f. 편의점
Panadería [빠나데리아]	f. 빵집
Centro comercial [센뜨로 꼬메르시알]	m. 쇼핑몰
Restaurante [레스따우란떼]	m. 레스토랑, 식당
Menú del día [메누 델 디아]	m. 오늘의 메뉴
Carta [까르따]	f. 메뉴
Especialidad [에스뻬시알리닫]	f. 오늘의 특선 요리
Postre [뽀스뜨레]	m. 디저트

메인요리1 ● 메인요리2 ● 메인요리3 ●

한번 ☑ 두번 ☐ 세번 ☐

● **Cuenta** [꾸엔따]	f. 계산서, 영수증
● **Propina** [쁘로삐나]	f. 팁
● **Cubiertos** [꾸비에르또스]	m. 수저
● **Plato** [쁠라또]	m. 접시
● **Cuchillo** [꾸치요]	m. 칼, 나이프
● **Copa** [꼬빠]	f. 잔
● **Tenedor** [떼네도르]	m. 포크
● **Jarra** [하라]	f. 물 주전자, 물병
● **Cuchara** [꾸차라]	f. 숟가락
● **Servilleta** [세르비예따]	f. 냅킨

DAY 7

● **Parque de atracciones** [빠르께 데 아뜨락시오네스]	m. 유원지, 놀이공원
● **Bolera** [볼레라]	f. 볼링장
● **Teatro** [떼아뜨로]	m. 극장
● **Circuito de karts** [시르꾸이또 데 까르뜨스]	m. 카트장
● **Tablao** [따블라오]	m. 플라멩코 무대
● **Pista de hielo** [삐스따 데 이엘로]	f. 스케이트장, 아이스링크
● **Montaña rusa** [몬따냐 루사]	f. 롤러코스터
● **Noria** [노리아]	f. 관람차
● **Pleno** [쁠레노]	m. 스트라이크
● **Palomitas** [빨로미따스]	f. 팝콘

메인요리1 ● 메인요리2 ● 메인요리3 ●

한번 ☑ 두번 ☐ 세번 ☐

● **Pista** [삐스따]	f. 경기장, 트랙
● **Butacas** [부따까스]	f. 좌석
● **Patines** [빠띠네스]	m. 스케이트
● **Sevillanas** [세비야나스]	f. 세비야의 전통 춤
● **Cantaor** [깐따오르]	m. 플라멩코 가수
● **Flamenco** [플라멘꼬]	m. 플라멩코
● **Bailaor** [바이라오르]	m. 플라멩코 무용수
● **Guitarra** [기따라]	f. 기타
● **Bata de cola** [바따 데 꼴라]	f. 플라멩코 드레스
● **¡Olé!** [올레]	Int. 얼쑤!

후루룩 단어 모음집

여행스페인어

DAY 1

Hola [올라]	int. 안녕, 안녕하세요
Adiós [아디오스]	int. 안녕히 가세요/계세요
Mañana [마냐나]	f. 내일
España [에스빠냐]	f. 스페인
Bien [비엔]	adv. 잘, 좋게
Día [디아]	m. 하루, 날
Llamar [야마르]	v. ~라고 불리다
Dónde [돈데]	adv. 어디
Mucho [무초]	adv. 많이, 매우
Ser (de) [세르 데]	v. ~출신이다, ~에서 왔다

메인요리1 ● 메인요리2 ● 메인요리3 ●

한번 ☑ 두번 ☐ 세번 ☐

● **Corea** [꼬레아]	f. 대한민국, 한국
● **Vivir** [비비르]	v. 살다
● **Ayuda** [아유다]	f. 도움
● **Invitar** [인비따르]	v. 초대하다
● **Tarde** [따르데]	adv. 늦게
● **Disculpar** [디스쿨빠르]	v. 실례하다, 용서하다
● **Problema** [쁘로블레마]	m. 문제
● **Claro** [끌라로]	adj. 물론인, 당연한
● **Llegar** [예가르]	v. 도착하다, 도달하다
● **Esperar** [에스뻬라르]	v. 기다리다, 기대하다

DAY 2

● **Baño** [바뇨]	m. 화장실
● **Estación** [에스따시온]	f. 역, 정거장
● **Farmacia** [파르마시아]	f. 약국
● **Cercana** [세르까나]	adj. 가까운
● **Aeropuerto** [아에로뿌에르또]	m. 공항
● **Derecha** [데라차]	f. 오른쪽
● **Viaje** [비아헤]	m. 여행, 이동
● **Euros** [에우로스]	m. 유로
● **Billete** [비예떼]	m. 티켓, 표
● **Metro** [메뜨로]	m. 지하철

메인요리1 ● 메인요리2 ● 메인요리3 ●

한번 ☑ 두번 ☐ 세번 ☐

● Comprar [꼼쁘라르]	v. 사다, 구매하다
● Sencillo [센시요]	adj. 편도(티켓), 단순한
● Máquina expendedora [마끼나 엑스펜데도라]	m. 자동판매기
● Ida y vuelta [이다 이 부엘따]	f. 왕복
● Parada [빠라다]	f. 정류장
● Autobús [아우또부스]	m. 버스
● Necesitar [네세시따르]	v. 필요로 하다, 요구하다
● Esquina [에스끼나]	f. 모퉁이
● Centro [센뜨로]	m. 중심, 시내
● Número [누메로]	m. 번호

DAY 3

● **Paella** [빠에야]	f. 빠에야
● **Ensalada** [엔살라다]	f. 샐러드
● **Cebolla** [세보야]	f. 양파
● **Café con leche** [까페 꼰 레체]	m. 카페 라떼
● **Pedir** [뻬디르]	v. 주문하다
● **Tomar** [또마르]	v. 먹다, 마시다
● **Beber** [베베르]	v. 마시다
● **Menú del día** [메누 델 디아]	m. 오늘의 메뉴
● **Ver** [베르]	v. 보다
● **Traer** [뜨라에르]	v. 가져오다, 데려오다

메인요리1 ● 메인요리2 ● 메인요리3 ●

한번 ☑ 두번 ☐ 세번 ☐

● Recomendar [레꼬멘다르]	v. 추천하다
● Casa [까사]	f. 집, 가게
● Mariscos [마리스꼬스]	m. 해산물
● Popular [뽀뿔라르]	adj. 인기 있는
● Picante [삐깐떼]	adj. 매운
● Pan [빤]	m. 빵
● Otro [오뜨로]	adj. 다른, 또 하나의
● Cuenta [꾸엔따]	f. 계산서
● Alergia [알레르히아]	f. 알레르기
● Gambas [감바스]	f. 새우(들)

DAY 4

Bolso [볼소]	m. 가방, 핸드백
Camisa [까미사]	f. 셔츠, 와이셔츠
Total [토딸]	m. 총액, 전체
Talla [따야]	f. 사이즈
Más [마스]	adj. 더 많은
Menos [메노스]	adj. 더 작은/적은
Quedar [께다르]	v. (옷 등이) 어울리다, 맞다
Descuento [데스꾸엔또]	m. 할인
Oferta [오페르따]	f. 특가 판매
Rebajas [레바하스]	f. 세일

메인요리1 ● 메인요리2 ● 메인요리3 ●

한번 ☑ 두번 ☐ 세번 ☐

● Hacer [아세르]	v. 하다, 만들다
● Comprar [꼼쁘라르]	v. 사다
● Caro [까로]	adj. 비싼
● Producto [쁘로두또]	m. 제품
● Elección [엘레씨온]	f. 선택
● Pagar [빠가르]	v. 지불하다
● país [빠이스]	m. 나라, 국가
● Aceptar [아셉따르]	v. 받다, 수락하다
● Recibo [레시보]	m. 영수증
● Realizar [레알리사르]	v. (행위를) 하다

DAY 5

Hora [오라]	f. 시간
Museo [무세오]	m. 박물관
Catedral [까떼드랄]	f. 대성당
Concierto [꼰시에르또]	m. 콘서트
Audioguía [아우디오기아]	f. 오디오 가이드
Entradas [엔뜨라다스]	f. 입장권
Taquilla [따끼야]	f. 매표소
Oficina de turismo [오피시나 데 뚜리스모]	f. 관광 안내소
Farmacia [파르마시아]	f. 약국
Ventanilla de información [벤따니야 데 인포르마시온]	f. 안내 데스크

메인요리1 ● 메인요리2 ● 메인요리3 ●

한번 ☑ 두번 ☐ 세번 ☐

● Sitio [시띠오]	m. 장소
● Bueno [부에노]	adj. 좋은
● Visitar [비시따르]	v. 방문하다
● Comida [꼬미다]	f. 음식, 식사
● Típica [티삐까]	adj. 전통적인, 대표적인
● Recuerdo [레꾸에르도]	m. 기념품, 추억
● Hecho a mano [에초 아 마노]	adj. 수제의
● Encontrar [엔꼰뜨라르]	v. 찾다, 발견하다
● Locales [로깔레스]	adj. 지역의
● Mercado [메르까도]	m. 시장

DAY 6

● **Robar** [로바르]	v. 훔치다, 도둑질하다
● **Policía** [뽈리시아]	f. 경찰
● **Incendio** [인센디오]	m. 화재, 불
● **Ambulancia** [암불란시아]	f. 구급차
● **Escaleras** [에스깔레라스]	f. 계단
● **Pasaporte** [빠사뽀르떼]	m. 여권
● **Doler** [돌레르]	v. 아프다
● **Estómago** [에스또마고]	m. 배, 복부, 위장
● **Garganta** [가르간따]	f. 목구멍, 인후
● **Cabeza** [까베사]	f. 머리

한번 ☑ 두번 ☐ 세번 ☐

메인요리1 ● 메인요리2 ● 메인요리3 ●

● **Fiebre** [피에브레]	f. 열
● **Escalofríos** [에스깔로프리오스]	m. 오한
● **Sudor frío** [수드로 프리오]	m. 식은땀
● **Tos** [또스]	f. 기침
● **Mocos** [모꼬스]	m. 콧물
● **Perder** [뻬르데르]	v. 잃어버리다
● **Billete de vuelta** [비예떼 데 부엘따]	m. 돌아오는 티켓
● **Cartera** [까르떼라]	f. 지갑
● **Móvil** [모빌]	m. 휴대폰
● **Denuncia** [데눈시아]	f. 신고, 고소

DAY 7

Reserva [레세르바]	f. 예약
Noche [노체]	f. 밤, 하룻밤
Habitación doble [아비따시온 도블레]	f. 더블룸, 2인실
Tarde [따르데]	f. 오후, 늦은 시간
Confirmada [꼰피르마다]	adj. 확인된, 확정된
Avisar [아비사르]	v. 알리다, 통지하다
Incluir [인끌루이르]	v. 포함하다
Desayuno [데사유노]	m. 아침 식사
Servicio [세르비시오]	m. 서비스
Precio [쁘레시오]	m. 가격

한번 ☑ 두번 ☐ 세번 ☐

메인요리1 ● 메인요리2 ● 메인요리3 ●

● Piscina [삐스시나]	f. 수영장
● Gimnasio [힘나시오]	m. 헬스장, 체육관
● Costo adicional [꼬스또 아디시오날]	m. 추가 요금
● Clientes VIP [끌리엔떼스 빕]	m. VIP 고객
● Mapa [마빠]	m. 지도
● Transporte público [뜨란스뽀르떼 뿌블리코]	m. 대중교통
● Lugar turístico [루가르 뚜리스띠꼬]	m. 관광 명소
● Bar de tapas [바르 데 따빠스]	m. 타파스 바
● Hotel [오뗄]	m. 호텔
● Minutos [미누또스]	m. 분

라라의 왕초보 스페인어 SNS 일상어휘 & 여행스페인어

초 판 발 행	2025년 9월 15일(인쇄 2025년 7월 31일)
발 행 인	박영일
책 임 편 집	이해욱
저 자	라라 베니또
기 획 편 집	이동준 · 신명숙
표지디자인	김지수
편집디자인	임아람 · 임창규 · 김예슬
발 행 처	시대에듀
공 급 처	(주)시대고시기획
출 판 등 록	제 10-1521호
주 소	서울시 마포구 큰우물로 75 [도화동 538 성지 B/D] 9F
전 화	1600-3600
팩 스	02-701-8823
홈 페 이 지	www.sdedu.co.kr
I S B N	979-11-383-9210-5 (13770)
정 가	15,800원